中国干部培训新解

ZHONGGUO GANBU PEIXUN XINJIE

刘 辉◎编著

知识产权出版社
全国百佳图书出版单位

内容提要

教育培训是关系到一个国家政府运行效率和执政能力的重要因素。中国作为一个快速发展的发展中国家，干部队伍的素质和能力直接影响到国家的前途命运。本书主要通过对中外干部培训的对比、对中国共产党干部培训的发展历史和现状的阐述，总结出干部培训的一般规律，得出干部培训的世界先进标准，为广大从事干部培训事业的人士提供理论和实践支持。

责任编辑：纪萍萍　　**特约编辑：**纪丽

图书在版编目（CIP）数据

中国干部培训新解／刘辉编著．—北京：知识产权出版社，2012.6

ISBN 978-7-5130-1358-1

Ⅰ．①中…　Ⅱ．①刘…　Ⅲ．①干部培训-研究-中国　Ⅳ．①D630.3

中国版本图书馆 CIP 数据核字（2012）第 103801 号

中国干部培训新解

刘辉　编著

出版发行：知识产权出版社

社　　址：北京市海淀区马甸南村 1 号	**邮　　编：**100088
网　　址：http：//www.ipph.cn	**邮　　箱：**bjb@cnipr.com
发行电话：010-82000860 转 8101/8102	**传　　真：**010-82000860 转 8240
责编电话：010-82000860 转 8130	**责编邮箱：**jpp99@126.com
印　　刷：北京雁林吉兆印刷有限公司	**经　　销：**新华书店及相关销售网点
开　　本：720mm×960mm　1/16	**印　　张：**10.75
版　　次：2012 年 6 月第 1 版	**印　　次：**2012 年 6 月第 1 次印刷
字　　数：144 千字	**定　　价：**32.00 元

ISBN 978-7-5130-1358-1/D·1506（4231）

前　　言

2004年春天，我刚从清华经济管理学院到公共管理学院工作不到一年，学院安排我去负责培训中心的工作，主要工作是为各级组织和人事部门提供公共管理知识培训服务。

现代大学的作用主要是知识创造、人才培养和社会服务，干部培训则是将这三项职能融合贯通的最有效方式。清华大学公共管理培训中心主要定位于通过教育培训的方式，将公共管理理论与中国实践相结合的最新成果传递给工作在一线的各级领导干部，培养和塑造卓越的公共管理领导者。干部培训工作和大学学位教育相比，有两个更有优势的地方：从所讲授知识而言，干部教育讲授的是前沿的、更具实践性的知识，而学位教育更注重成熟的、体系化的知识；从教学的对象来讲，干部教育面向的是经济社会建设的精英骨干，而学位教育的对象还只是潜在的精英和骨干。这无疑是吸引我从事这项工作的重要原因。当时学院党委书记苏竣老师提出，培训中心要按照高起点、高层次、高标准的原则，在维护好清华品牌的基础上，创造出属于公共管理学院的二级品牌。由于我原来一直在经济管理学院工作，接触和培养的对象主要是经济管理领域的管理者，所以当务之急是要了解自己将要面对的培训对象。

毛泽东同志在中国共产党六届六中全会上所作的政治报告《论新阶段》中指出，“政治路线确定之后，干部就是决定的因素”。可见干部在一个国家里的重要性。建设一支高素质的干部队伍，是党和国家长治久安的根本大计，因此，对于干部的培养和教育，一直是新中国治党、治军、治国的基本要务。

我国如何来定义干部队伍呢？与西方普遍采取的公务员制度不同，由于我国特殊的政治体制和发展阶段，社会上对于领导干部具有各种不同的称呼和定义，因此我们有必要首先把“领导干部”、“公务员”、“领导岗位公务员”、“领导干部培训”、“公务员培训”等名词搞清楚。

所谓“干部”一词最先源于法国，法文为CADRE，意为框架、军官、高级管理人员等。后来又加入军队官员、社会团体和企事业首脑等涵义，逐步为许多国家所通用。“干部”一词，其概念的外延和内涵在各国并不一致，中国使用的“干部”一词，最早源于日本，在国内目前主要是指在中国共产党和政府工作的负有一定职责的人员。我想，干部在各个国家中的作用可能就好比一棵树的树干，起着承上启下支撑全局的作用。

目　　录

第一章

干部培训的概念及特征

“干部”一词有狭义和广义之分，狭义的是指具有一定管理职能的政府工作人员，广义的是指所有与政府财政供养相关的人员。翻阅资料，我们按照相关法律法规描述来定义以下名词。

领导干部：根据中共中央《党政领导干部选拔任用工作条例》，领导干部是指中共中央、全国人大常委会、国务院、全国政协、中央纪律检查委员会的工作部门或者机关内设机构的领导成员，最高人民法院、最高人民检察院的领导成员（不含正职）和内设机构的领导成员；县级以上地方各级党委、人大常委会、政府、政协、纪委、人民法院、人民检察院及其工作部门或者机关内设机构的领导成员。根据这个定义，领导干部是普通干部中的一部分，是各级党和政府组织中具有一定领导职能的干部。这些人员承担了组织运行和发展的主要职能，对国家经济、社会运行起着重要的作用。

> 领袖是为天下人开创一个时代的人，领导是带领天下人继续开拓这个时代的人。中国共产党的领导干部应以身先士卒、以身作则为己任。卿可以无大将风度，但必要有大将本质！

公务员：“公务员”英文原意是“文职服务员”、“文职仆人”。有人直译为“女王的仆人”，有人意译为“文官”

或者“文官制度”，也有人译作“公务员”，“公务员制度”，还有人译作“文职公务员”——或许这种译法更符合原意。美国则称为“政府雇员”（governmental employee）；日本在第二次世界大战前称“文官”，战后改称为“公务员”；法国称为“公务员”；联邦德国称为“联邦公务员”或“联邦官员”。当今世界，许多发达国家以及一些发展中国家都纷纷效仿英美等国，建立起自己的公务员制度，把政府中从事公务活动的人员称为“公务员”。《中华人民共和国公务员法》（以下简称《公务员法》）第二条规定：公务员是指依法履行公职、纳入国家行政编制、由国家财政负担工资福利的工作人员。国家公务员分为政务和业务两类。政务类公务员必须严格依照宪法和组织法进行管理，实行任期制，并接受社会的公开监督；业务类公务员按照国家公务员法进行管理，实行常任制，国家公务员执行宪法、组织法和国家公务员法以及国家公务员条例规定的职责。

领导岗位公务员：我国《公务员法》第十六条规定：公务员职务分为领导职务和非领导职务。领导职务层次分为：国家级正职、国家级副职、省部级正职、省部级副职、厅局级正职、厅局级副职、县处级正职、县处级副职、乡科级正职、乡科级副职。从这个定义可以看出，领导岗位公务员主要是政府系统内的领导人员，同时在实践中，中国共产党的干部管理体系也是领导干部队伍重要的组成因素。

领导干部培训：《干部教育培训工作条例（试行）》第二条规定：干部教育培训工作必须坚持以马克思列宁主义、

毛泽东思想、邓小平理论和“三个代表”重要思想为指导，全面贯彻落实科学发展观，围绕党和国家工作大局，按照实事求是、与时俱进、艰苦奋斗、执政为民的要求，以增强执政意识、提高执政能力为重点，推动学习型政党、学习型社会建设，为全面建设小康社会、加快推进社会主义现代化提供思想政治保证、人才保证和智力支持。

公务员培训：《公务员法》第六十条规定：机关根据公务员工作职责的要求和提高公务员素质的需要，对公务员进行分级分类培训。国家建立专门的公务员培训机构。机关根据需要也可以委托其他培训机构承担公务员培训任务。第六十一条规定：机关对新录用人员应当在试用期内进行初任培训；对晋升领导职务的公务员应当在任职前或者任职后一年内进行任职培训；对从事专项工作的公务员应当进行专门业务培训；对全体公务员应当进行更新知识、提高工作能力的在职培训，其中对担任专业技术职务的公务员，应当按照专业技术人员继续教育的要求进行专业技术培训。

根据上述定义，各国对于公务员或领导干部定义有着共同之处，也有各自独立的特点。《公务员法》强调公务员培训围绕岗位职能和业务知识进行，而领导干部培训强调保证思想和执政能力建设的统一。从根本上说，我国关于领导干部的定义和领导岗位公务员的定义主体基本吻合，考虑到在现实操作中基本按照统一组织规划进行，因此我们统一按照“领导干部”这一称谓来描述。在考察发达国家公务员培训制度的时候，还按照各国的具体称谓来命名。

现代公务员（也可称为“文官”）制度最早诞生于 19 世纪的英国。随后，西方大部分国家效仿英国也建立起了各自的公务员制度。随着国情的不同和历史的发展，各国的公务员制度也存在一定的不同。但是，凡实行公务员制度的国家都十分重视公务员培训，先后建立起了各具特色的公务员培训制度，尤以英、美、法、德、日五国较为完善。而近年来，新加坡政府高效率的工作业绩也使其公务员培训制度在很大程度上得到了国际社会的认可和效仿。

公务员培训作为公务员制度的重要内容之一，它作为一项完整制度的确立则是在 20 世纪 40 年代的英国。到了 20 世纪 50 年代，西方国家纷纷进行了培训立法，把公务员培训列入法制范畴，以适应社会经济需要，适应政府职能需要。因此，这一系列西方制度化的、法制化的公务员培训经验对于我国的干部教育培训体系来说具有十分珍贵的借鉴意义。

■ 干部培训的意义

随着现代经济社会的发展，复杂的工作环境和难度对领导干部的素质要求越来越高，执政能力的高低不但直接关系到政府的工作效率和服务质量，也关系到国家的稳定和发展。在这样的大环境下，各国无不重视公务员的培训教育工作，纷纷建立公务员培训制度，以造就一批优秀的公务员队伍。许多国家陆续提出“培训革命”观点，把公务员培训提高到人力资源开发、增强综合国力需要的高度，培训不再仅仅涉及公务员的个人素质，而是强调公务员培训的战略位置。各国的公务员培训制度虽然受各国国情、文化传统、社会制度和政治制度的影响而不尽相同，但都是把培养高素质公务员队伍置于重要的战略地位，建立并完善了更为完备的国家公务员培训制度。对于我国的干部培训而言，更加具有重要的战略意义。

首先，在新发展观时期，中国共产党肩负的历史使命是巩固执政地位。我国正处于民族复兴的关键时期，国内外政治、经济形势剧烈变化，东西方文化不断激荡，干部教育培训环境也发生了很大变化。江泽民同志曾指出：“经过八十年的发展，我们的党员队伍，党所处的地位和环境，党所肩负的任务，都发生了重大变化。我们党已经从一个领导人民为夺取全国政权而奋斗的党，成为一个领导人民掌握着全国政权并长期执政的党；已经从一个在受到外部封锁的状态下领导国家建设的党，成为在全面改革开放条件下领导国家建设的党。”中国共产党执政地位的历史性转变，为干部教育提出了更高的要求。目前，干部队伍面临着腐败问题、新老干部交替问题、如何永葆先进性问题和增强社会主义信心的挑战。干部教育培训要通过各种途径，克服问题，从而巩固中国共产党的执政地位。

时代的进步与发展，不只是为今人寻找前进的道路与方向，也是为历史书写宝贵的经验与记忆。

其次，党的干部队伍要带领全国各族人民，完成社会发展战略目标。中国共产党十五大提出了到2020年，即建党 100 周年时，建成惠及十几亿人口的更高水平的小康社会。达到“小康”战略目标后，在 2050 年，应实现人均国民生产总值达到中等发达国家水平，人民生活比较富裕，基本实现现代化。这一美好蓝图的实现，面临着很多挑战，这更要求广大干部在完成挑战中发挥最大的作用，为社会发展战略目标的实现作出积极的贡献。

最后，是国家要实现中华民族的伟大复兴任务。十六大报告指出，开创中国特色社会主义事业新局面，就是要在中国共产党的坚强领导下，发展社会主义市场经济、社会主义民主政治和社会主义先进文化，不断促进社会主义物质文明、政治文明和精神文明的协调发展，推进中华民族的伟大复兴。21 世纪是中华民族实现伟大复兴的世纪。中华民族将在 21 世纪下半叶，彻底改变在近代落伍的地位，成为世界发达国家之一，以巨人的姿态屹立于世界民族之林。中国共产党是实现中华民族伟大复兴的坚强的领导力量，从成立的那一天起，就是中国人民和中华民族的先锋队，肩负着实现中华民族伟大复兴的庄严使命，并为此而进行了不懈的奋斗。这在客观上决定了中国共产党的各级领导干部必须是理想远大、德才兼备的。全面建设小康社会，实现中华民族伟大复兴对干部教育提出了更高的要求。

长达千年的君主立宪制与君主世袭制，曾经牢牢地禁锢着华夏人民的头脑与心灵，我们无法想象，无从对比。今天的自由与民主，无不放射出中国共产党的领导魅力。

上述的客观要求和历史使命，决定了干部教育体系要不断调整，逐步建立有中国特色的干部教育培训体系。干部教育体系的合理与否直接制约着一个国家的干部教育水平。八十多年来党的干部教育体系从无到有，逐步形成了庞大的体系，但仍与迅速发展的社会变迁不相适应，如何适应不断变化的形势，保持和增强干部教育体系的适应能力，是干部教育发展中甚为重要的问题。

领导干部培训的重要性是不言而喻的，但是要想完成好这一长期而艰巨的任务却需要明确和把握很多关键问题。如何把握领导干部培训的目标，如何将干部培训目标和培训内容相统一，如何根据培训内容和要求来选择和建设培训途径和方法，这些都需要进一步的研究和深化。

干部培训的目标

在领导干部培训工作中，首先是要解决干部培训的目标。

首先，中国行政体制的决策特点是“一党执政，多党合作”，领导干部必须具有高度的政治觉悟与政治修养，“公务员制度坚持以马克思列宁主义、毛泽东思想、邓小平理论和‘三个代表’重要思想为指导，贯彻社会主义初级阶段的基本路线，贯彻中国共产党的干部路线和方针，坚持党管干部原则”。

其次，1982 年《宪法》规定，“国务院总理实行总理负责制。各部、各委员会实行部长、主任负责制”，“地方各级人民政府实行省长、县长、区长、镇长负责制”。但是，这样的规定并不意味着在管理的一切活动中均由行政首长一人拍板，相反，在讨论重大问题时需要采取合议制。《宪法》规定："国务院各部长、各委员会主任……召集和主持部务会议或者委员会会议、委务会议讨论决定本部门工作的重大问题。"这说明，中国行政决策体制是讨论、决定重大问题的合议制与执行重大决策的分工负责制的有机结合，也即是民主集中制基础上的行政首长负责制。在这样的决策机制下，领导干部的政治觉悟培养和集体执政能力的培养都非常重要，这些能力素质的提高必须依赖于进行大规模的干部培训来解决。

因此，干部培训的目标应该是通过大规模提升干部的政治觉悟和领导能力，实现集体执政能力的提高。

■ 干部培训的理论基础

关于领导干部培训的理论不多，主要理论还是集中在社会化培训或企业培训方面。对于现有培训研究理论的关注主要集中于几个方面：一是关于培训目标和原则方面的理论，如学习型组织理论；二是关于培训设计和知识生产方面，如信息不对称理论；三是关于培训内容和效果方面，如冰山理论；四是培训评估方面，如人力资本理论等。这些理论从不同的侧面对培训进行了阐述和分析，将这些培训理论结合起来，可以为领导干部培训研究提供一些有益的借鉴。

⊙ 学习型组织理论

学习型组织理论的创始人是美国人彼得·圣吉，他在1990年发表了代表作《第五项修炼——学习型组织的艺术与实务》。他以企业组织为研究目标，指出现代企业组织分工、负责的方式将组织切割，而使人们的行动与其时空上相距较远。当不需要为自己的行动的结果负责时，人们就不会去修正其行为，欠缺系统思考的能力，从而使得组织无法进行有效学习。

> 本书编写即将结束的时候，彼得·圣吉刚好在中国面向政府官员推广“行动学习法”，也邀请了包括我本人在内的清华大学公共管理学院的同事们参与。其实这一方法和我在浙江绍兴班设计的“研究型培训”有很多相似之处。据我看来，行动学习法可能更适合于企业管理，而后文我提到的“研究型培训”更适合于领导干部培训工作。

彼得·圣吉把社会组织方式划分为等级权力控制和非等级权力控制两种类型。等级权力控制是以等级为基础，以权力为特征，对上级负责的垂直型单向线性系统。它强调“制度+控制”，使人“更勤奋地工作”，达到提高企业生产效率、增加利润的目的。进入信息时代、知识经济时代以后，为适应科技迅速发展和信息爆炸的需要，非等级权力控制型管理模式——学习型组织理论产生了。学习型组织强调以下五个方面。

1. 建立共同愿景（Building Shared Vision）：通过学习，形成共同的理念和努力方向，个人也乐于奉献，为组织目标奋斗。

2. 团队学习（Team Learning）：通过学习集合个人智慧，形成团队智慧，以集体的力量作出正确的组织决策，透过集体思考和分析，强化团队能力。

3. 提升思维方式（Improve Mental Models）：通过学习

改变和提升个人思维，进而改变组织的思维方式，在创新中发展。

4. 自我超越（Personal Mastery）：通过学习提升专业能力，实现个人和组织的自我超越。

5. 系统思考（System Thinking）：通过学习掌握事件的全貌，培养综观全局的思考能力，看清楚问题的本质，提升组织系统解决问题的能力。

学习型组织理论将个人学习和组织学习相结合，通过同一远景目标的设定，使学习真正成为组织能力提升的重要和必要途径。在具体的操作方式上，强调组织目标和集体思考，强调在学习中创新和超越，强调全面系统的解决组织面临的问题，强调组织对于信息时代和知识经济的适应，这些都赋予了教育培训新的使命。从提高组织能力的角度而言，这一理论符合干部培训的根本要求，但是难度在于设立共同愿景和量化指标，这是学习型组织或是行动学习法应用于干部培训的主要障碍。

⊙ 信息不对称信息不对称理论

信息不对称理论（Asymmetric Information）由肯尼斯·约瑟夫·阿罗于1963年首次提出。阿克洛夫（George Akerlof）在1970年发表的著名的《柠檬市场》（The Market for Lemons）一文中作了进一步阐述。三位美国经济学家阿克洛夫、斯彭斯、斯蒂格利茨由于对信息不对称市场及信息经济学的研究成果获2001年诺贝尔经济学奖。该理论主要指交易中的各人拥有的资料不同。一般而言，卖家比买家拥有更多关于交易物品的信息，但相反的情况也可能存在。该理论认为，信息不对称造成了市场交易双方的利益失衡，影响社会的公平、公正原则以及市场配置资源的效率。在教育培训领域，还要考虑到科学知识的分类问题。哈耶克把知识分成两类：一类是科学知识，即被组织起来的知识由专家所掌握，在理论和书籍中可以得到；一类是特定时间和地点的知识，为处于当时和当地的人所拥有。按照哈耶克对信息的分类，教育培训所提供的信息主要是科学知识，是经过总结的信息，当然也不排除在实践中特定环境下的特殊技能。

根据这一理论，作为教育培训内容的科学知识作为一种社会资源，长期以来一直处于被垄断和实行国家配给的状态（譬如说通过考试制度），资源配置的效率低下，需求方和供给方之间存在着明显的信息不对称。科学知识的垄断限制了对科学知识信息的供给，使多数的社会成员没有机会去接受教育，教育成为少数精英或上层社会的专利，信息资源的供给相对于需求一直处于严重的不足状态，在很大的程度上阻碍了人类社会的文明进程。同时，在教育培训的过程中，由于信息不对称的存在，需求方很难对所学知识的必要性进行判断，更进一步影响了科学知识的传播。

学习知识与运用知识相当于课堂教学与社会实践，如何融会贯通、学以致用是人类永久的研究课题。

我们和中组部人才局已经进行了八期的科研院所长培训，每一次开学的时候，总是有人对学习班的必要性存在疑虑。他们认为自己已经参加过很多培训，也具有丰富的管理和实践经验，花三个月在清华实在是浪费，但是事实证明，在培训结束的时候，学员们普遍反映不是学习时间长了，而是没有学够。有些知识是学员们经常使用但是却没有上升到理论指导高度的，这些知识是在学习之前没有人真正意识到它的价值的，这也从一个侧面印证了我们的判断。

⊙ 培训和发展理论

1961 年，麦格希和塞耶出版了《企业与工业中的培训》，提出组织分析、任务和经营分析、人员分析三种分析方法，可应用于企业选拔合格人员、编制培训计划、设计培训方法等。其中，组织分析强调组织与组织目标、资源与资源分配之间的关系，旨在为实现组织目标制订具体的培训单元、项目和内容。任务分析是要确定工作进行过程中的活动以及为完成任务所需的条件。人员分析的目的是了解哪些人员需要接受培训，培训的内容应该是什么。

弗农·汉弗莱（Vernon Humphrey）于 1990 年在《全组织的培训》一文中提出：一个单位或一个组织应该从整个单位或组织考虑培训计划。这一培训要求首先对组织进行分析，然后再进行个人分析。先从总体上考虑培训，可以达到使个人培训最终为组织目标服务的作用，从而提高组织的效率和培训效果。这一培训理论主要将培训工作分析作为一切培训的起点，将提高组织效率作为培训工作的终点，从而使培训完全为组织能力提升服务。通过对组织目标和岗位的分析，确定组织所需要的知识体系，然后通过人员分析，确定培训所需要的内容。

⊙ 冰山理论

1895 年，心理学家弗洛伊德与布罗伊尔合作发表《歇斯底里研究》，弗洛伊德提出了著名的“冰山理论”。在管理学中，“冰山理论”指人的能力或素质分为可见部分和不可见部分。可见部分包括基本知识和基本技能，这些知识可以通过各种学历证书、职业证书或者专业考试来验证。不可见部分是人的潜在的能力和素质，它们构成人的素质中的大部分，主要是一个人的潜在的能力。如同冰山有 7/8 存在于水底一样，正是这 7/8 的隐性素质部分支撑了一个人的显性素质部分，在更深层次上影响着人的发展。

可见部分相对来说比较容易识别和使用，但很难从根本上解决人的综合素质问题；不可见部分包括职业意识、职业道德、职业态度，是隐性的，即处在水面以下，如果不加以激发，它只能潜意识地起作用，这方面处于冰山的最下层，是人力资源管理中经常被忽视的。

在培训工作中，对于技能型的培训是非常易于衡量和判断的，也在人力资源管理中得到了足够的重视，但是从长期而言，个人和组织中不可见部分的素质在组织发展中起到决定性的作用。如果这些隐性素质能够得到足够的培训，那么对个人和组织的提升将是非常巨大的。

⊙ 人力资本理论

1979年诺贝尔经济学奖获得者西奥多·W·舒尔茨是公认的人力资本理论的构建者。1960年，他在美国经济协会的年会上以会长的身份作了题为《人力资本投资》的演说，阐述了许多无法用传统经济理论解释的经济增长问题，明确提出人力资本是当今时代促进国民经济增长的主要原因。舒尔茨指出，“人们获得了有用的技能和知识，……这些技能和知识是一种资本形态，这种资本在很大程度上是慎重投资的结果”。人力资本理论研究是以经济人假设和资源稀缺性假设为基本假设的。经济人假设是指，每一个从事经济活动和进行经济决策的个人都以效用最大化为目标。落实到人力资本理论中，即个人的决策是基于对个人经济利益最大化的追求。将“人力”作为一项“资本”进行投资，投资所使用的资源、时间、资本和被投资者本身潜在的劳动能力都被视为稀缺资源。

人力资本理论告诉我们，在人员培训方面，有投资就要讲成本和收益，坚持评价投资收益效果，培训作为一种生产性投资，也是一种稀缺性资源，按照人力资本理论，必然要考虑其成本和收益。这就要求我们对培训投入进行衡量和比较，以便更好地将培训投入分配好，选择好适当的培训途径和模式。

培训评估的四层次模型

1959 年，美国威斯康星大学（Wisconsin University）柯克帕特里克（Donald L. Kirkpatrick）在其博士论文中开始了培训效果评估方法的研究，详细阐述了培训评估的四层次模型的思想和方法。柯克帕特里克提出的四个评估层次主要是以受训学员作为评估效果的对象，根据评估对象的活动状况进行划分，包括学员的反应、学习的情况、工作中行为变化以及行为变化引致的结果。在层级划分上，依据行为学的研究结果，由表及里，由观念到行为直至结果的变化规律来划分层级。对培训效果评估进行了较为系统性、完整性的研究。

柯式模型的重要贡献在于提出评估培训对机构战略目标的影响。建立了培训评估与机构战略发展之间的关系，这也反过来促进培训部门在进行培训项目设计时，应多问几个为什么，会不会对机构的发展有利，能不能帮助机构实现自身目标，提高培训设计的针对性和战略一致性。

与柯克帕特里克的研究对象不同，Daniel Stufflebeam 将培训项目本身作为一个对象进行分析。根据项目组织过程的规律，提出的关于培训效果评估的 CIPP 模型。他认为，培训效果的评估包括四个方面：情景评估（context）、输入评估（input）、过程评估（process）和成果评估（product）。Stufflebeam 的 CIPP 评估模型其实质更应该是

CIPP 模型和柯式模型已被我国培训领域所认可，培训过程与结果评估是相互依托的。以往重培训轻评估的做法正在被认识并纠正，但顾此失彼与矫枉过正都是不足取的。

对培训项目的评估，而不仅仅是培训效果的评估。其目的不单纯是对培训效果的评价，而且还用来指导培训的优化设计。该模型后来得到更广泛应用的事实也证明了这一点。

■ 国外培训理论总结

国内外现有相关研究主要集中在教育培训相关理论、教育培训效果评估、领导干部成长规律等方面。相关的研究还有政府的绩效评估理论，国外政府绩效评估发展最具代表性的评估方法主要有三种："3E"评价法、标杆管理法和平衡记分卡法。它们分别代表了政府绩效评估的三个不同发展阶段："3E"评价法是政府绩效评估在方法探索上的开端；标杆管理法预示着对政府绩效全面评估的开始；平衡记分卡法明确提出政府要以长远的眼光对社会的发展作出愿景规划，思考其在社会发展中应承担的使命，指导政府绩效评估。

在人才成长规律研究方面，作为人力资本理论的创始人，舒尔茨为人力资本理论作出了开创性贡献：第一，在对人力资本作出解释的基础上，明确界定了人力投资的范围和内容，为后人的研究提供了一个可供参考的重要框架；第二，对许多传统资本理论无法解释的经济现象进行了分析，为经济学研究注入了新思维；第三，对人的时间价值进行经济学分析，"人的时间价值在低收入国家和高收入国家之间存在着相当大的差距"；第四，在人力资本理论的基础上，开创了“贫困经济学”理论。舒尔茨指出，贫困的根源不在于穷人的大量增殖，而在于人力资本的缺乏。学习型组织理论阐述了培训的目的和对象的问题，应该将教育培训作为一个组织目标，而不单纯是组织成员的个人选择和需求。

信息不对称理论阐述了在科学知识传播问题上，供需双方存在着信息差异，因此对培训机构的能力提出了具体的要求。在一般情况下，需求方难以准确判断是否需要供给方所提供的产品。在这种情况下，供给方必须具有较强的判断能力才能设计出符合需求方需要的知识产品，因此在这一理论指导下，知识产品也就是培训产品的供给方不但需要具备知识生产能力，还需要具备对于知识需求的分析能力。从这个意义上说，清华大学公共管理学院不但是一个知识提供的平台，还是一个知识整合的平台，在干部培训中，我们的师资基本按照三分的方式来安排：公共管理学院师资占 1/3，清华校内占 1/3，其他机构包括高校、政府、国际师资占 1/3。之所以可以做到这一点，就是因为我们具有对于师资和干部双方的了解，能够准确地整合知识传播的价值链条。有一些组织单位，非常看重培训中是否有名师授课，却不太注重对于知识内容的设计和组合，这无疑是舍本逐末的做法。

培训和发展理论阐述了培训工作的设计要求和一般步骤。将组织目标和岗位需求相结合，提出组织对于人力资源的具体要求，然后通过培训实现这一要求。

冰山理论阐述了在培训内容的选择上不但要注重对于显性技能的培训，还需要关注隐形能力的培训。这一理论将培训向更深层次推进了一步，对于摆脱目光狭隘的应用型培训具有很深的意义。

人力资本理论阐述了培训中应该遵循投入产出的投资规律，将投资收益思想引入到培训工作中，使培训工作的目的性更强。

■ 国内培训研究总结

国内领导干部培训视角单一、研究缺乏深度，有一些比较重要的内容缺乏系统的研究。譬如说领导干部培训的理论基础、途径选择等在以往的干部培训研究中未曾涉及；干部培训的内容和方式狭窄陈旧，缺乏新意，已无法适应干部教育发展的需要，需要增加研究的深度。我国目前的干部教育问题一方面是因为理论的滞后所致，另一方面是因干部教育体制僵化而引发的，特别是评价机制、运行体制的滞后更是问题之源。

从总量上看，我国当代领导干部培训的研究不是很多，主要集中在干部培训发展的研究、具体培训方式方法的研究以及各种培训模式的探讨。2009 年通过对中国期刊网和博硕士论文进行检索，“领导干部培训”以及“干部培训”文献共有 1822 篇，其中博士论文 1 篇，硕士论文 9 篇，其余为期刊文章。对“公务员培训”进行检索，共有 747 篇文献，其中硕士论文 47 篇，期刊文献 700 篇。

期刊文献主要集中在对干部培训的对象、渠道、方式、管理、评估等培训过程中的具体问题进行一些策略性的探讨，缺乏理论基础和指导。硕士论文主要是对一些机构干部培训的实证性研究，不具备普遍性的规律。

相比国外对于培训效果评估的研究，国内相关的研究文献非常少。对于培训效果评估进行系统性的、专门性的研究基本没有。目前国内关于此方面的研究主要散落在两类文献中——一类是在研究企业培训过程中提及培训效果的评估，另一类主要集中在人力资源与培训相关的期刊上，内容也主要是对国外研究培训评估的介绍或者是结合企业的实际进行评估运用，没有站在该领域的研究前沿提出自己的观点。

■ 现有研究总结

通过现有研究，我们认为领导干部培训首先是要基于组织的发展来分析和确认组织目标，从而确定培训的方向和内容。组织的发展是一个动态的过程，它随着组织所面临的环境变化而变化，也随着组织所承担的历史使命而变化，同时，在干部培训中也伴随着组织成员的素质和能力的变化而变化。因此，在分析一个组织的培训选择中，一定要采取历史研究的方法对组织的发展和使命进行研究，才能获得组织真正的培训目标。

其次，培训内容要基于对组织目标、岗位要求和个体三者之间的分析而制定，不但要考虑在具体技能上的差异，同时也要考虑潜在能力的需求。在能力的选择上要广泛分析组织和个体所具有的基本能力和潜在能力，通过比较分析获得组织和个人所需要的知识。

再次，由于知识生产和传播的特殊性，在培训内容的选择上必然要依托培训途径的选择，培训途径的选择在某种意义上决定了培训的质量。尤其是在信息时代和知识经济时代，组织和个人的全面能力培养越来越不可为需求方所掌握，因此选择合理的培训途径、建立适当的知识评价和选择体系非常重要。

最后，培训是一个讲求投资收益的行为，因此要充分发挥社会资源，必要将知识生产和人才培养放在全社会、乃至全球范围内考虑，而不是在一个独立运行的框架内自产自销。

第二章

干部培训制度溯源

不同国家的干部培训制度历史

公务员培训作为公务员制度的重要内容之一，它作为一项完整制度的确立是在20世纪40年代的英国。到了20世纪50年代，西方国家纷纷进行了培训立法，把公务员培训列入法制范畴，以适应社会经济需要、适应政府职能需要。世界主要国家根据其经济社会的不同发展阶段，采取了不同公务员培训道路和方式。

最早的公务员培训起源于英国，早在1613年，为了培养前往东印度公司工作的人员，英国政府就设立了著名的海莱柏锐文官学校，先后培养了几千名官员，开大规模培训官员之先河。1870年建立公务员（文官）制度后，英国则依托高等院校训练官员。1963年设立公务员培训中心，专门培养高级文官。1970年又创立了文官学院，作为国家级培训文官的专门机构。

美国在1930年才颁布总统令，规定文官事务委员会、政府各部要对文官进行培训。1936年，《乔治狄恩法》中规定了各州政府举办公务员培训事宜，联邦政府给予经费补助。1938 年起，由联邦公务委员会来负责联邦公务员的培训工作。1958 年，国会通过《政府文官训练法案》，作为联邦政府各部门及有关单位对公务员实施培训的依据，并由文官事务委员会规划和协调各部门公务员的培训事宜。1968 年美国设立了联邦行政学院，全国各地有 180 所行政管理学院为政府培训公务员，一些著名大学的管理学院如哈佛大学肯尼迪政府学院也参与其中。1970 年颁布了《政府间人员法》，详细规定了美国联邦和州一级公务员培训的有关事宜，使公务员的培训扩大到州及地方。

人是一切行动的基本体，无论是资本主义国家还是社会主义国家，改革与发展的终极目标皆应以民为本。

法国于 1945 年设立专门管理公职服务的“公职管理总局”和负责考选、培训高级文官的国立行政学院。同时制定、颁布了一系列重要的文官法规与章程，如 1946 年 10 月颁布的《法国文官总章程》。

德国公务员制度正式建立要晚于英、法两国，于 1949 年制定的《联邦公务员法》标志着其现代公务员制度的确立。作为国家级的培训机构，有 1950 年设立的斯佩耶尔管理科学大学和 1969 年设立的联邦行政管理学院，另外各州也设有相应的培训机构。

在亚洲，日本和新加坡的公务员培训也各具特色。1947 年 10 月，日本颁布了《国家公务员法》，标志着其建立起了现代公务员制度。在世界各国的公务员队伍中，日本以队伍精炼、结构合理、整体素质高著称，被誉为“尖子政府”。优秀的公务员队伍为日本经济发展、社会公共服务与保障等方面的改进创造了条件。究其原因，这与日本高度重视公务员培训工作息息相关。

在新加坡，1997 年每位文官必须接受 5 天共 40 小时的培训，占整个工作时间的 2%，2000 年增加到 12.5 天共 100 小时，占工作时间的 5%。这样的增长幅度以及在法律上作如此明确的规定，在全世界也是不多见的。由此可见，新加坡政府对公务员培训的重视。正是这些措施的共同作用，新加坡公务员的素质和能力才能得到长期有效的保证。

■ 中国古代的干部培训制度小窥

回头看看中国传统的官员培训，在中国古代文化瑰宝中，教育思想可谓博大精深。从孔子主张“有教无类”、提出与世袭制相对的“学而优则仕”的原则，到朱舜水阐述“敬教劝学，建国之大本；兴贤育才，为政之先务”的观点，典型地反映了历代哲人学者中普遍存在的“学本论”思想。正是从“以学为本”的基点出发，诸子百家们或论阴阳、或谈纵横，大都围绕着这样一个中心：培养人才，为善兴道，治乱废妄，安国利民。

治国之道，不外乎行政、法律、教育三种手段。孔子认为，行政与法律手段只能起强制约束作用，而不能从思想上解决问题，所谓：“道之以政，齐之以刑，民免而无耻；

道之以德，齐之以礼，有耻且格。”（《论语·为政》）反映了孔子主张只有用仁德和礼义来引导和教育百姓，才能使他们懂得做坏事可耻，从而自觉地约束自己的行为之观点。孔子还进一步提出：“以教为首，先教后刑；既陈道德以先服之；而犹不可，尚贤以劝之；又不可，即废之；又不可，而后以威惮之。若是三年，而百姓正矣。其有邪民不从化者，然后待之以刑，则民咸知罪矣。”（《孔子家语·始诛》）意即先用礼义道德进行说服教育，然后采用行政手段，最后，对顽固不化者才动用刑罚。对此，孟子也有相近的观点，“仁言不如仁声之入人深也，善政不如善教之得民也。善政，民畏之；善教，民爱之。善政得民财，善教得民心”（《孟子·尽心上》）。

即使在强调政令与刑罚的法家阵营中，也不难发现对教化作用认可的言论，法家代表人物商鞅就承认：“教之化民也深于命，民之效上也捷于令。”其意为，用教育手段去感化民众，比行政命令更深刻；受到教化的民众主动行动起来，比执行政令更迅速。作为法家代表作之一的《管子》也指出行政手段与教育手段目的相似而方法各异，通过教育和训诲，可以杜绝邪行，减少刑罚。教化对于行政法律有一“替代效应”，“政教相似而殊方”（《侈靡》），“凡牧民者，使士无邪行，女无淫事。士无邪行，教也；女无淫事，训也，教训成俗而刑罚省，数也”（《权修》）。

秦始皇罢黜百家，焚书坑儒，愚民而不得善终。推动时代前进的车轮，唯有向学而致用。

古代儒法两家的治国思想虽各执一端、互有长短，但都把教化置于十分重要的位置上，可见教化确乃行政、法律所无可企及、不可替代的治国安邦之重要途径。

可贵的是，古代思想家们并不认为教育的对象仅限于百姓，而是明确地把君主、官吏划入范围之内。且认为君、吏、民三者关系紧密相连。管子指出：“主身者，正德之本也；官治者，耳目之制也。身立而民化，德正而官治。治官化民，其要在上。”（《管子·君臣上》）孔子分析道：“凡上者，民之表也，表正则何物不正。”“君为正，则百姓从而正矣；君之所为，百姓之所从；君不为正，百姓何所从乎？”（《孔子家语·王言解》）苏绰、刘禹锡也分别直言执政者自己修养得不好，却想让老百姓有好的修养，那是不可能的。“君行不能自修，而欲百姓修行者，是犹无的而责射中也。”（《周书·苏绰传》）“修身而不通及治者有矣，未有不自己而能及民者。”（唐·刘禹锡《答饶州元使君书》）

以上观点较为深刻地揭示了君、吏、民之间的正向影响关系。的确，历史的经验教训也反复证明了这些观点的正确性。且看唐太宗统治的前期，由于他既注重自身修养又鼓励手下犯颜直谏，因此朝廷中直臣大量涌现，就连在隋炀帝时期臭名远扬的佞臣裴矩到了唐太宗那里，竟也能处处秉公办事了。然而，晚年的唐太宗却放松了自身修养，致使许多文官武臣逐渐向坏的方向转化。最典型的就是褚遂良，这个在魏征、戴胄之后曾享有直臣美誉的人，随着太宗的晚节不保，也潜移默化地变成了专看太宗脸色行事、穷凶极恶、陷害忠良的佞臣。

有一个浅显的道理是：由于民众与最高执政者并不直接相处，所以，大量的教化工作要靠各级官吏去做，这就使官吏们的素养同样显得十分重要。贾谊的结论是“君能为善，则吏必能为善矣；吏能为善，则民必能为善矣。故民之不善也，吏之罪也；吏之不善也，君之过也”（汉·贾谊《新书·大政上》）。孟子更是形象地把这种上对下的影响概括为“君子之德，风也；小人之德，草也。草尚之风必偃”（《孟子·滕文公上》）。因此，古人强调只有官吏修养好了，才能担负起管理、教化民众的任务，所谓“明主治吏不治民”有其深刻的哲理。

古有“民风淳朴”，今有“国民素质”，需上位者先修身立志，百姓才得以向善而从，正所谓“表正则何物不正”？！

遗憾的是，历代先人们虽有许多“正百官，化万民”的深刻思想、详尽论述，但往往难以付诸实践，古代吏治更谈不上有官吏培训的制度化。从奴隶社会“学在官府”的官学制度到明清的官吏培养教育制度，我们可以发现，中国古代官吏培训基本上限于任官之前对官僚地主及皇家子弟的特殊培养，至于任官之后，则鲜见于对部分下级官吏的深造。与完备的选才、考核、激励和监察制度相比，官吏的在职培训制度相当薄弱，甚至从严格意义上来讲几乎是空白的。这一点值得深思，历史上的中国可谓文明有余而强盛不足，原因固然是多方面的，但有一点不容置疑，那就是官吏的腐败无能。为官者普遍地把做官当做人生的目标，以为做了官就可以在一定范围内为所欲为，故而，一旦官帽戴到头上，修炼就置于脑后了。而统治者更多的是根据个人喜好把官位当做恩赐，随意赠予；官吏们则用心于奉承拍马、相互倾轧。在如此氛围中，再完备的考核、监察等制度也往往形同虚设，那就难怪官吏在职培训乏人问津了。“君权神授”的思想根源、“人治”高于“法治”的行政机制，造成了社稷安危系于君王一身的奇异社会形态，而君王的好恶又影响着文武百官的素养。中国历史上有着太多的因昏君当道而使官吏腐败、国家衰亡的千古遗训。可以断言，正是历史的局限粉碎了先哲们崇论闳议的实践之梦。

■ 中国近现代的干部培训制度脉络

中国共产党的领导干部培训最早可以追溯到党的诞生初期，我个人研究认为，大体经历了民主主义革命时期（1920—1949）、建国时期（1949—1978）、改革开放时期（1978—2003）和新发展观时期（2003—迄今）。纵观共产党的发展史，无论在哪一个阶段，干部教育事业一向得到重视。共产党在建国前就基本形成了领导干部培训的体系和内容，并随着党的事业发展而不断地完善。在 20 世纪 50 年代，共产党建立了中央、省、市、县四级党校体系，为各级干部培训确立了明确的培养机构和培养方式，这种方式一直作为干部培训的主战场在发挥着作用。

⊙ 民主主义革命时期的干部教育培训

1921 年中国共产党成立，在一大决议中指出，要成立工人学校和工会组织的研究机构。作为会议精神的落实，共产党在干部教育工作中进行了各种各样的尝试，其中较为重要的方式是成立干部学校和发行组织刊物。

国民大革命时期的干部教育培训

早期的干部学校有以研究和宣传革命理论为宗旨的大学，如湖南自修大学、上海大学等；有以推动国民革命为宗旨的军事政治学校，如国民党陆军军官学校（即黄埔军校，后来改组为中央军事政治学校）、政治讲习班等；有培养工人干部的工人运动干部学校，如中华全国总工会省港罢工委员会宣传教育委员会创办的劳动学院；有培养农民干部的农民运动讲习所，如广东农民运动讲习所、中央农民运动讲习所等；还有妇女运动干部学校，如平民女子学校、妇女运动讲习所等。❶

其中，自修大学和补习学校为党培养了许多优秀干部。毛泽东、何叔衡、贺民范、李维汉、李达、夏明翰、易礼容、罗学瓒、姜梦周、陈佑魁、毛泽民、郭亮、夏曦、王会悟、杨开慧、贺尔康、毛泽覃、陈赓等都是自修大学的学员。湖南自修大学和补习学校可以说是反对旧教育、对教育实行革命改造的一次成功试验。❷

❶ 陈桂生：《中国干部教育》，上海：华东师范大学出版社，2007 年，第 3 页。

❷ 蒋国海：《论湖南自修大学的创办及其历史地位》，《湖南师范大学社会科学学报》（长沙）2007 年第 4 期。

而广州农民运动讲习所是1924年国共合作的产物，是为培养从事农民运动的骨干而设立的培训机构。农讲所的教育内容兼顾理论学习和现状分析，具体可归纳为以下几类：关于政治基础的学习；关于农民运动的理论及实施方略；关于宣传的训练；军事训练；农民运动实习等。这种理论联系实际的教学方法，收到了很好的教学效果。[1]

国民大革命时期是中国共产党干部教育培训的萌芽时期，这一时期的中国共产党在摸索中发展，对干部的教育培训也并不成熟，但是在培训中针对不同的教育对象制定了目的明确的教育内容。这些探索之举为今后中国共产党的干部培训奠定了基础，对今后干部教育培训有着非常重要的里程碑意义。

土地革命时期的干部教育培训

随着革命形势的发展，共产党在各地建立了自己的政权，迫切需要提高干部队伍素质。毛泽东在1934年提出了苏维埃在土地革命时期的教育总方针[2]，实行以干部教育为核心的“三育”模式，即干部教育、群众教育和青少年教

❶ 张腾霄主编：《中国共产党干部教育研究资料丛书　第三辑》，北京：中国人民大学出版社，1989年，第3-74页。

❷ 江西省档案馆，中共江西省委、党校、党史教研室：《中华苏维埃和共和国中央执行委员会与人民委员会对第二次全国苏维埃代表大全的报告》，《中央革命根据地史料选编》下册，南昌：江西人民出版社，1982年，第331页。

育。中央苏区吸取了第一次国内革命战争时期训练干部的做法和经验，通过创办干部学校来对干部进行教育培训，如苏维埃大学、中央教育干部学校、中国工农红军大学等，初步形成了干部教育培训的理论和组织体系。

这一时期，高尔基戏剧学校是极具特色的干部学校。高尔基戏剧学校的前身为 1933 年 2 月工农剧社成立的“蓝衫剧团”学校，主要是培养演员。1934 年改为高尔基戏剧学校，此后该校不限于培养演员，而是着重在培养从事俱乐部和文化工作的一般干部。

除此之外，为改变当时苏区师资缺乏的状况，党和苏维埃政府办起了各类师范学校，如闽瑞师范、列宁师范学校。为解决专业技术人员不足的问题，还设立了各种训练班，如商业税、土地税、合作社及会计工作训练班，银行专修训练班（还特设妇女班）。总之，在极端缺乏干部的情况下，党和苏维埃政府尽了最大努力打破常规培养和训练干部。

抗日战争时期的干部教育培训

中国共产党的干部教育在经过了国民大革命时期的初步探索和土地革命战争时期的进一步发展之后，积累了大量经验，这使干部教育到抗日战争时期进入了一个大发展的阶段。

中共干部教育部于 1939 年 2 月成立，统一领导全国的干部教育工作，中国共产党第一次从组织上明确了干部教育的负责部门，推动干部教育培训正规化、规模化发展。1941 年，毛泽东同志为中央党校题写“实事求是”的题词，并成为中央党校的校训。

这一时期，中国共产党创办了为数众多的干部学校，干部教育培训的一个显著特点是：种类更加齐全，分布更加广泛。除了在延安和陕甘宁边区的中国人民抗日军政大学、陕北公学、鲁迅艺术学校、中共中央党校、延安马列学院等著名学校外，在华北各抗日根据地、华中抗日根据地和华南抗日根据地也建立了大批干部学校，如中共北方局党校、晋察冀军区白求恩卫生学校、新四军皖南教导总队、中共华中局党校、琼崖抗日军政干部学校。此外，还有国共两党合作开办的干部学校，如南岳游击干部训练班、新疆航空队、山西民族革命大学等。几年间，干部学校培养了政治、经济、军事、党务、文化、教育、医务及自然科学等各方面大量的优秀人才。据统计，仅抗日军政大学（及其分校）抗战 8 年就培养出了 20 万优秀的抗日军政干部。[1]

只以庄子的“吾生有涯，而知也无涯”为要义，弃其“以有涯随无涯，殆矣”之谬论。

解放战争时期的干部教育培训

为迎接革命胜利，共产党加强了对干部的教育培训工作，一方面对原有的干部学校进行整顿和提高，为新中国建设和管理提供专业人才；另一方面加强对原有技术人才

[1] 李跃新：《1949—1956 年中国共产党干部教育研究》，博士论文，中共中央党校，2000 年，第一章。

政治素养的教育，使他们能够担当起参与国家建设的重任。1948 年 10 月 28 日，中共中央作出了《中央关于准备夺取全国政权所需要的全部干部的决议》。❶ 1948 年 10 月，毛泽东同志亲自起草的《中共中央关于 9 月会议的通知》指出："夺取全国政权的任务要求我党迅速地有计划地训练大批的能够管理军事、政治、经济、党务、文化教育等工作的干部。"❷ 1948 年 12 月 21 日，中共中央又发出了《关于大量提拔培养产业工人干部的指示》，指出：在一切可能的地方，大批地培养、训练和提拔产业工人和职员干部，已成为目前全党性的迫切的中心任务之一。❸

各大解放区根据中央的指示，纷纷采取措施举办了各种干部教育学校：在晋察冀边区有华北联合大学、白求恩医科大学、军区军政干部学校等干部学校；在晋冀鲁豫解放区有军政大学、新华大学；在华中解放区有山东大学；在苏北有华中公学；在东北老解放区内干部学校最集中，有东北军政大学、辽东人民军政学校、东北公学、辽南建国学院、东北大学等。以上这些干部学校招收了大批的知识青年，使党的干部队伍素质迅速得到了提高，有力地配

❶ 中共中央档案馆编：《中共中央文件选集》第 14 册，北京：中央党校出版社，1987 年，第 37 页。

❷ 陕西师范大学教育研究所：《陕甘宁边区教育资料》教育方针政策部分（下），北京：教育科学出版社，1981 年，第 531 页。

❸ 中共中央档案馆编：《中共中央文件选集》第 14 册，北京：中央党校出版社，1987 年，第 371 页。

合了全国解放战争形势发展的需要。[1]

综合来看，民主主义革命时期中国共产党的干部教育培训初步建立起了一定的教育体系：以在职干部为主，既包括高级干部教育，又包括中级和初级干部教育；既包括中央直接领导的干部教育，又包括陕甘宁边区和华北、华东等各抗日根据地的干部教育；既有针对党政军干部的培训，也有针对农、工、青、妇、文教等各个领域、各个方面的干部教育体系。在干部教育中，建立了科学的组织领导机构，并形成了政治教育与理论教育、文化教育和专业业务教育相结合的教育模式，形成了良好的干部教育局面。在实践中形成了启发式、讨论式、研究式的教学方法，形成了一系列教学资料，初步组建了一支干部教育队伍，为建国后的干部教育事业奠定了良好的基础。

⊙ 建国发展时期的干部教育培训

建国后干部队伍建设的背景和举措

建国后百废待兴，中国共产党的干部队伍主要面临着两方面的问题：一方面是由于民主革命的胜利迅速到来，我党的干部储备不足，七届二中全会前，全党的干部仅 80 万人，其中部队干部 50 万人，地方干部 30 万人，如要掌握全国政权则需要百万以上的干部，因此干部缺口极大。

---

[1] 李跃新：《1949—1956 年中国共产党干部教育研究》，博士论文，中共中央党校，2000 年，第一章。

上述情况使得中央对许多城市实行军管，并大量提拔新干部。[1]另一方面，中国共产党的任务发生了变化，中心工作由革命战争转向经济建设，由夺取政权转向发展生产力。与革命战争相比，进行经济建设和发展社会生产力的任务更为艰巨和复杂，需要更长的时间和更加艰苦的努力，而中国共产党在经济建设方面显然是缺少经验的。

1951年2月，中共中央《关于加强党的宣传教育工作的指示》指出："我们现在已有五百几十万党员，对于这些党员特别是干部党员，认真进行共产主义教育，不断提高他们的政治觉悟和思想能力，是一个极大的任务。"[2] 1955年3月，毛泽东同志指出了中国共产党领导干部理论教育和理论队伍建设的重要性："我们现在有许多做理论工作的干部，但还没有组成理论队伍，尤其是还没有强大的理论队伍。而没有这支队伍，对我们全党的事业，对我国的社会主义工业化、社会主义改造、现代化国防、原子能的研究，是不行的，是不能解决问题的。"[3]1955年7月，第一届全国人民代表大会第二次会议提出的发展国民经济的第一个五年计划中，正式把干部教育纳入其中，提出"训练

[1] 李跃新：《1949—1956年中国共产党干部教育研究》，博士论文，中共中央党校，2000年，第二章。

[2] 中央文献研究室：《建国以来重要文件选编》第2册，北京：中央文献出版社，1992年，第75页。

[3] 中央文献研究室：《毛泽东文集》第6册，北京：人民出版社，1999年，第395-396页。

培养各项建设人才，提高在职干部的理论、政策、业务文化、技术的水平”。可见，在社会主义建设时期，毛泽东同志把学习的注意力放在中国社会主义道路的探索、经济建设和科学技术运用上。这也成为了在新的历史条件下我党干部教育的指导思想。

这一时期党校建设非常迅速，成为了干部教育培训的主战场。全国形成了由中央党校、省级党校、地方市级党校、县级党校训练班构成的四级党校教育网络。每一层级的党校在学制、课程设置、授课时间、师资条件等方面都有明显的不同，适应了不同层次干部教育的需要。同时，为了系统的教育和培养领导干部，1950年初，在华北联大的基础上组建了中国人民大学。这是我党建立的第一所以培养在职干部为主的正规化大学，也是由高等院校作为主力军参与到国家领导干部培训中来的一次有益尝试。1950年4月，教育部与北京市文教局联合创办了工农速成中学。之后，各地很快办起了一批工农速成中学和文化补习学校。

中央的这一系列重要指示和措施，有力地促进了干部教育事业的蓬勃发展，在全国范围内掀起了干部学习的热潮。仅1954年全国参加业余文化学习的干部就有86万余人。到1955年下半年，全国干部业余文化学校达3546所，在校生130万人。大批干部通过学习迅速掌握了工作所需的技能，甚至进入大学进一步深造，成为新一批知识分子。

据不完全统计，1954 年、1956 年、1958 年这三年中经考试或保送进入高等学校的干部就有 16 万人。[1]

建国发展时期干部教育培训的主要方式

建国发展时期最为重要的干部教育培训方式为干部业余理论学校和马列主义夜校、夜大学。[2]

干部业余理论学校（或名曰业余政治学校、业余党校）是为了有效地对广大干部进行马克思主义理论教育而开设的。1951 年中共中央召开了第一次全国宣传工作会议。据此，各地大力开办了干部业余理论学校。各地干部业余理论学校除了少数吸收理论水平较高的干部参加学习或以培养理论教员和学习辅导员为自己的任务以外，大多数都是为参加中级组和初级组理论学习的干部而设立的[3]，如 1953 年春，华东行政委员会等机关举办了干部业余政治学校（即业余理论学校），参加学习的合计超过 1200 人。

据不完全统计，到 1953 年全国已有各类干部业余理论学校 842 所，在其中学习的在职干部共达 43 万余人。中共中央批转的《中宣部关于 1955 年在职干部学习的报告》中要求："1955 年度在各主要城市、省会所在地必须办好中级

❶ 李森：《厅局级党政领导干部素质与能力培养研究》，博士学位论文，同济大学，2008 年，第三章。

❷ 李跃新：《1949—1956 年中国共产党干部教育研究》，博士论文，中共中央党校，2000 年，第三章。

❸ 李跃新：《1949—1956 年中国共产党干部教育研究》，博士论文，中共中央党校，2000 年，第三章。

业余政治学校一所或几所（每所学校约 500 人左右），业余政治学校校长的任命必须经过省市委批准，每校须有合格的专职教员；学校对学员须有考勤、考试等必要的制度，凡在中级业余政治学校毕业或用其他学习方式学完中级党校课程经过考试认为合格者，应发给相当于中级党校毕业的证书。”❶

干部业余理论学校的开办，克服了过去一些地方和单位干部理论教育工作无人负责、学校教学内容无计划和零乱的现象，使在职干部理论教育的管理大大加强，提高了干部理论学习的效率，也使在职干部教育向经常化、规范化迈进了一步。

马列主义夜校和夜大学是根据苏联的先进教育经验建立起来的业余专职理论学校。它们有比较正规的教学组织、教学计划和教学制度，主要是依托一些高等学校而开办的，如 1953 年 3 月成立的东北师范大学。业余大学计划在 4 年内学完《中国共产党的 30 年》、《辩证唯物论与历史唯物论》、《马克思列宁主义基础》、《政治经济学》4 门主要课程。业余大学还建立了各种正规的学习制度，如学员入学、退学、考勤、考试、考查、毕业制度等。

作为新中国成立后中国共产党组建的专事培养国家高级建设人才的中国人民大学，在搞好党和国家规定的国民教育的同时，发挥自己的优势为提高干部的马克思主义理

---

❶《组织工作文件汇编》（内部发行），北京：中共中央组织部，1955 年，第 490 页。

论水平作出了自己特殊的贡献。1950 年 9 月，中国人民大学成立了马克思列宁主义夜校和夜大学，主要招收人民大学的教师、工作人员和校外各机关在职干部。到 1953 年，人民大学的夜校和夜大学已有学员 1640 人左右，其中校内学员近 1000 人（主要是学校的教员和领导干部），校外学员 641 人（都是部队、机关和其他学校的工作干部），另有旁听学员 183 人。[1]

一些省市为了加强对农村党员干部的思想教育，在各地有重点地举办了农村夜间党校。这种夜间党校，一般每 15 至 30 天集中上课一次，然后利用工余时间分组讨论。党课内容除党的基本知识和政策外，还结合当前工作和党员的思想实际情况进行讲解，因此讲课内容比较充实且通俗易懂。[2]1952 年初，东北局提出要加强“学习室”与“夜党校”（或夜间政治大学）的工作，并要求要有重点地利用较大机关、大学或专科学校、党校的条件试办联合性的“夜党校”，使地区相近的小型“夜党校”逐渐合并为大型的正规的“夜党校”，以便集中领导，加强人力。[3]为了更好地开展干部的马克思主义理论教育，不少地方根据中央的指示组建了“讲师团”这一马克思主义政治理论宣传教育的重要形式。当时在东北、中南等地都广泛设立了讲师团。此外，不少省市党委还设立“学习室”，起到了帮助教员

❶《新华月报》，北京：人民出版社，1953 年第 7 号，第 167 页。

❷《人民日报》，1956 年 8 月 5 日。

❸《人民日报》，1952 年 8 月 9 日。

（如召开教学研究会，传达报告等）、编写和审查讲课提纲、解答问题、介绍参考书等辅导作用。❶

这一时期是中国共产党干部教育培训的又一发展时期，也是干部教育培训的曲折时期。在建国发展这一阶段，干部教育培训的组织体系进一步发展，尤其是党校的大量建立，四级干部教育培训网络的形成极大地有利于提高干部的整体水平，使之在中国共产党历史任务发生本质改变的情况下适应了国家建设的新情况，为新中国建设输送了大量的人才，对中国以后的干部教育培训具有重要意义。

然而在20世纪50年代后期，由于国际和国内形势的变化，干部教育脱离了建国前期所一直秉承的延安时期的教育内容，全面倾向于政治教育，甚至是阶级斗争教育，严重脱离了正常的干部教育轨道。随着文化大革命对于教育系统的冲击，干部教育也像当时所有的普通教育一样陷入了混乱和停顿状态。这一时期从反面印证了领导干部教育一定要为组织目标进行服务，一旦组织目标陷入了混乱，干部培训也很难独善其身。

前进的道路充满荆棘与陷阱，前进的脚步允许有踉跄与徘徊，但前进的信念必须坚定，前进的意志不可动摇。

⊙ 改革开放时期的干部教育培训

改革开放时期干部教育培训的新要求和新方向

党的十一届三中全会确立了全党工作重心向经济建设转移，对于干部能力和素质提出了更高的要求，即把马克

❶《人民日报》，1952年8月9日。

思主义的普遍真理和我国实现四个现代化的具体实践结合起来。根据中央提出的全党干部要学政治、学科学、学经济、学管理的要求，干部教育成为全党工作的重点，从而也进入了一个新的发展时期。1980年中央组织部、中央宣传部下发的《关于加强干部教育工作的意见》中指出："在学习内容和要求上，要坚决改变对不同行业、不同程度的干部不加区别一刀切的做法，实行干什么学什么，缺什么补什么的原则。"并特别指出加强干部教育工作，必须抓紧解决选编教材和培养教员这两个主要问题。我国的干部教育迎来了中断30年之久的第一个发展高峰。

在制度建设和规划方面，干部教育培训工作步入规范化轨道，初步形成了有中国特色的干部教育培训体系。中共中央连续制定了几个干部培训的相关计划，在1983年制定了《1983—1990 年全国干部培训规划要点》，1991年制定了《1991—1995年全国干部培训规划要点》。《1996—2000年全国干部教育培训规划》是改革开放以来第一个以中央名义下发的干部教育培训规划，对推动有中国特色干部教育培训体系的形成具有重要的意义。中央和地方各级党委通过建立干部教育联席会议制度或干部教育培训工作领导小组，形成了在党委的统一领导下，由组织部门主管，有关部门分工负责，中央、地方和部门分级分类管理的管理体制。初步形成了以需求为导向，实行组织按计划调训与干部自主参训相结合的充满活力的干部教育培训管理体制和运行机制。

邓小平同志的干部教育培训思想

随着邓小平同志的复出，教育科技事业迎来了新的发展机遇。以邓小平同志提出的改革开放的伟大思想为导向，开创了一个中国前所未有的以“经济建设为中心”的推进社会主义现代化建设的新时代。在邓小平同志所构建的我国社会主义现代化建设的宏伟蓝图中，邓小平同志的干部教育思想具有鲜明的时代特征。

① 面对挑战，加强马克思主义理论教育。

在新时期改革开放与社会主义现代化建设的过程中，中国共产党面对风云变幻的国际格局与纷繁复杂的国内形势，不仅要应对和解决在国内建设中源源不断涌现出来的一系列前所未遇的新问题，还要抵制来自西方反华势力的腐蚀与攻击。这便要求中国共产党的各级干部一方面要抓紧学习在市场经济条件下建设有中国特色社会主义事业所必需的各种专业知识和技能，另一方面更要努力加强自身的马克思主义思想理论修养，以更好地保持作为共产党干部的本色，进一步坚定共产主义理想和社会主义道路。[1]基于此，邓小平同志敏锐地指出：“我党干部教育的根本任务是适应社会主义现代化建设和改革开放的需要，培养红、专、健全面发展的人才。这是关系到全局得失和事业成败的一个根本大计，关系到党和国家是否改变颜色，必须引起全党的高度重视。”

---

[1] 陈文光、任登菊：《论邓小平干部教育思想》，《理论与改革》（成都）1999 年第 3 期。

② 坚持实事求是，用实践来检验干部。

1983 年 1 月，邓小平同志指出："各项工作都要有助于建设有中国特色的社会主义，都要以是否有助于人民的富裕幸福，是否有助于国家的兴旺发达，作为衡量做得对或不对的标准。"[1]1992 年 1 月，他更加明确的指出："判断的标准，应该主要看是否有利于发展社会主义社会的生产力，是否有利于增强社会主义国家的综合国力，是否有利于提高人民的生活水平。"[2]因此，邓小平同志要求在我党的干部教育中一定要坚持实事求是的科学态度，要始终贯穿求真务实的革命精神，反对形式主义、本本主义、教条主义的教育方式，用事实说话，进行有充分说服力的教育。[3]由此我们可以看出，邓小平同志干部教育思想的一个突出着眼点便是将干部教育立足于改革开放与建设有中国特色社会主义现代化事业的大局，努力促使干部教育服从和服务于党和国家最大的现实任务的需要，以及全党和全国人民最长远、最根本利益的实现要求，从而使得邓小平干部教育思想始终沿着实事求是的思想路线不断迈进，这正是邓小平干部教育思想的一个最为基本的本质特征。[4]

忘却历史意味着背叛，我们站在前人的肩头眺望未来。毛泽东同志曾指出："今天的中国是历史的中国的一个发展，我们是马克思主义的历史主义者，我们不应当隔断历史。"

---

❶ 1983 年 1 月 12 日邓小平同志同国家计委、国家经委和农业部门负责同志谈话的要点。

❷ 邓小平同志视察武昌、深圳、珠海、上海等地，发表著名的南方谈话。

❸ 虞梅生、江少青：《试论邓小平的干部教育观》，《求实》（南昌）1999 年第 6 期。

❹ 于林青：《试论邓小平干部教育思想的基本特征》，《学习月刊》（武汉）1998 年第 7 期。

③ 继承和创新，开创“三个面向”新局面。

邓小平同志对马克思、列宁与毛泽东等老一辈无产阶级思想家、政治家与革命家的干部教育理论进行了科学的继承和创新。他根据马克思的劳动力再生产理论、列宁的工人知识教育理论以及毛泽东的干部教育形式多样化的理论等有关无产阶级干部培养与教育的经典论述，结合我国改革开放新时期的现实国情以及国际环境提出了一系列带有崭新时代精神的无产阶级干部教育思想理论。邓小平同志认为，对不同层次和不同工作部门的干部应有不同的要求，要做到对口培训、定向培养与合理使用。邓小平同志在《为景山学校题词》中提出：“教育要面向现代化，面向世界，面向未来。”这一具有划时代意义的教育发展战略思想的形成，为中国共产党干部教育思想的改革与发展指明了前进的方向。毋庸置疑，邓小平干部教育思想所具有的继承性与创新性是确保其永葆生机与活力的强劲驱动力量。[1]

④ 坚持社会实践和群众路线。

邓小平同志认为，教育和培养干部最为主要的方法是在革命实践中锻炼和培养干部。根据邓小平同志的指示，从中央到地方各级党组织均采取了多种形式，组织了大批年轻干部到基层锻炼，并从制度上实行处级以上领导干部

[1] 陈文光、任登菊：《论邓小平干部教育思想》，《理论与改革》（成都）1999年第3期。

的轮训、交流和轮岗锻炼。[1]同时，在邓小平同志的干部教育思想中，自始至终都贯穿着群众观点与群众路线。邓小平同志不仅要求全党各级干部坚持走群众路线的学习道路，而且也反复强调党的各级干部在向广大人民群众虚心学习的同时，还应当努力发挥先锋模范作用，为人民群众树立起光辉的榜样，发挥出党的领导干部所应有的表率作用。他要求中国共产党的各级领导干部要自觉地用自己的榜样去耐心地教育他们所领导的工作人员。在邓小平同志所倡导的走群众路线教育培养各级干部这一干部教育思想的指导之下，在改革开放的新的历史时期里相继涌现出了一大批具有典型模范作用的优秀领导干部，如孔繁森、马恩华、吴金印，等等。

江泽民同志的干部教育培训思想

以江泽民同志为核心的第三代中央领导集体处于跨世纪的新时代，中国共产党是在日益复杂的国内外环境中履行着执政职能，担当着历史的重任。这个时代的背景特点与过去有所不同。世界多极化和经济全球化日趋发展，科学技术突飞猛进，知识创新速度越来越快，以经济实力、科技实力、国防实力和民族凝聚力为基础的综合国力竞争日趋激烈。世界的力量组合和利益分配正在发生新的深刻变化，时代发展的大趋势既为我国加快发展提供了难得的

[1] 虞梅生、江少青：《试论邓小平的干部教育观》，《求实》（南昌）1999年第6期。

机遇，也使我们面临着更加严峻的挑战。这在客观上对提高党的领导水平和执政能力，建设一支高素质的干部队伍提出了更高的要求，也对中国共产党的干部教育理论的新发展提供了历史的、实践的客观依据。

① 领导素质的灵魂是思想理论素质。

1989 年江泽民同志在庆祝中华人民共和国成立 40 周年大会上的讲话中指出：一个缺乏马克思主义理论素养，不善于运用正确的立场、观点、方法分析和解决问题的共产党员，不可能发挥应有的作用，更不可能成为党的合格的领导干部。[1]1996 年江泽民同志在纪念中国共产党成立 75 周年座谈会上的讲话中指出，无论对党还是对党的干部来说，理论上成熟都是政治上成熟的基础。为此，江泽民同志对共产党领导干部政治业务素质提出了五项基本要求：一是要有远大的共产主义理想，坚持正确的政治方向，坚定地走建设有中国特色社会主义道路，坚决贯彻执行党的基本理论、基本路线和各项方针政策；二是努力实践党的全心全意为人民服务的宗旨，密切联系群众，特别是工农群众，坚决维护人民群众利益；三是解放思想，实事求是，一切从实际出发，善于开拓前进，具有唯物辩证的思想方法和工作方法；四是模范遵纪守法，保持清正廉洁，发扬艰苦奋斗精神，自觉拒腐防变，坚决反对消极腐败现象；五是刻苦学习，勤奋敬业，不断加强知识积累和经验

---

❶ 李永贤：《论江泽民干部教育思想》，《邯郸学院学报》2005 年第 2 期。

积累，具备做好本职工作的专业知识能力。这五项有关干部素质的基本要求乃是党的第三代领导集体对邓小平同志干部素质思想的具体继承与发展。

要科学地、辩证地树立正确的世界观和人生观，必须是在以知识文化为底蕴的前提下开展的，领导干部的培训与深造不应只停留在学位高低的表象上，而是应真正触及岗位能力的实质。

② 增强党性，树立正确的世界观、人生观、价值观。

增强党性，坚持正确的权力观、地位观、利益观，最根本的是树立正确的世界观、人生观、价值观。这是江泽民同志干部教育思想的重要内容。江泽民同志强调新的时期、新的任务、新的环境要求共产党员尤其是党的领导干部必须自觉加强党性锻炼。首先，江泽民同志提出增强党性，是保持党的先进性必不可少的重要条件。其次，江泽民同志提出了党性修养的新要求。他指出：党对党员的党性要求，从来都是和党在各个不同历史时期所肩负的任务紧密相连的。江泽民同志强调，在新的历史条件下增强党性，必须自觉地刻苦地学习建设有中国特色社会主义理论，坚定不移地贯彻党的基本路线和各项方针、政策，做解放思想、实事求是的模范；做艰苦奋斗、无私奉献、全心全意为人民服务的模范；做遵守纪律、坚持民主集中的模范；做脚踏实地、勤奋工作、忠于职守的模范；做反对各种消极腐败现象、发扬社会主义新风尚的模范。再次，江泽民同志强调增强党性，坚持正确的权力观、地位观、利益观最根本的是树立正确的世界观、人生观、价值观。为了更好地解决这个问题，江泽民同志要求必须着重抓好共产主义理想信念教育，全心全意为人民服务的宗旨教育，艰苦奋斗、勤俭节约等教育，使广大干部能过好权位、金钱与美色“三关”，经得起执政、改革开放和发展社会主义市场经济的“三个考验”。

③ 提高科技素质，掌握现代科学技术知识。

“用现代科学技术知识武装起来”这是江泽民同志为《现代科学技术基础知识》干部读本所写的序言题目，也是江泽民同志关于新世纪干部教育思想的一个具有鲜明时代特征的闪光亮点，是对新世纪领导干部素质的一个基本的要求。江泽民同志从经济全球化和知识经济发展的趋势出发，提出教育干部必须提高科技素质，要抓紧努力学习现代科学技术和其他方面的新知识，不断拓宽自己的知识面，不断改善更新自己的知识结构。除此之外，还要加强现代经济学知识、现代法律知识、现代经营管理知识的学习，还要研究中国历史和世界历史、特别是近代史和现代史。[1]总之，要用人类创造的各种先进知识和文明成果把自己武装起来，以开阔视野、增强战略思维、提高领导水平和能力。

生而知之者上也；学而知之者次也；困而学之又其次也；困而不学，民斯为下矣。

——《论语》

江泽民同志的干部教育思想承前启后，为新世纪中国共产党的干部教育打开了一个新的局面。江泽民同志的干部教育思想是对毛泽东、邓小平干部教育思想的升华，是将中国共产党干部教育传统与新世纪我国新的国情、新的社会面貌相结合的产物，为以胡锦涛同志为核心的第四代领导集体的干部教育思想奠定了基础。

---

[1] 李永贤：《论江泽民干部教育思想》，《邯郸学院学报》2005 年第 2 期。

干部教育培训方式的崭新阶段

十二大《党章》规定："党的干部必须接受党的培训。"党中央、国务院，中组部、中宣部相继作出规定，就大规模培训干部的指导方针、基本任务、学习内容、领导机构作出明确要求。全国各级党校抓紧对干部进行轮训，帮助干部提高政治思想水平，加深对党的十一届三中全会以来的路线、方针、政策的理解，在政治上与中央保持一致。同时各地方、各级的专业干部学校加强了对干部的业务培训。

多种专业知识的培训全面开展，大大增强了各级各类干部履行岗位职责的能力。特别是十五大以来，随着我国改革开放的逐步深入，中央先后举办了数十次省部级主要领导干部和省部级干部金融、财税、国际形势与 WTO 等专题研究班，提高了领导干部驾驭金融危机和应对入世挑战的能力；除此之外，还有中央、国家机关部委举办的县以上党政领导干部专题研究班。国家公务员培训工作日趋规范，全面实行了新录用公务员的初任培训，推行了晋升领导职务的任职培训，积极开展了专门业务培训和更新知识培训。企业管理人员和科技人员培训蓬勃开展，按照全国"三五"普法规划的要求，中央、国家机关部委和各省区市举办数百场法律讲座，提高了广大干部依法行政、依法管理的水平。根据国家扶贫开发工作的部署和要求，对全国贫困地区的干部培训力度得到加大，为配合西部大开发战略的实施，中央、国家机关部委加大了对西部地区人才培养和干部培训的支持力度。“九五”期间，中央党校举办了西藏、新疆等少数民族干部培训班，培训少数民族干部 1500 人。党校和行政学院还专门开设了西部干部培训班。这些培训有效地提高了广大干部履行岗位职责的能力。党中央还大力提倡和推广采用电化教学手段，实行分散和集中相结合的社会化办学方法，并开通了自学考试通道，初步形成了干部教育培训工作的新格局。[1]

为了培养中青年领导干部的世界眼光，学习、借鉴国外先进管理经验和科学技术，中央将领导干部出国（境）培训工作纳入了全国干部教育培训规划，十五大以后，全国出境培训总人数高达数十万人次，覆盖了全国 31 个省区市 95%的地市州盟和中央、国家机关三十多个部委。通过这些措施，使广大年轻干部开阔了眼界，增长了见识，在比较中加深了对“三个代表”重要思想和党的路线方针政策的理解，坚定了理想信念，提高了领导社会主义现代化建设的本领。

随着干部的培训力度不断加大，高素质的领导人才大量涌现，党中央提出了通过干部的选拔和教育，实现干部队伍的“革命化、年轻化、知识化、专业化”的指导方针。通过二十几年的努力，干部教育培训工作逐步步入规范化、制度化轨道，初步形成了有中国特色的干部教育培训体系。

---

[1] 武湖：《中国共产党干部教育的历史轨迹》，《淮海文汇》（徐州）2008 年第 6 期。

⊙ 新发展观时期的干部教育培训

在新发展观时期，国内外政治、经济形势剧烈变化，东西方文化不断激荡，干部教育环境也发生了很大变化。在新时期，中国共产党肩负着重大的历史使命。以胡锦涛同志为总书记的新一届党中央揭开了新时期干部教育培训的新篇章。

新发展观时期党肩负的历史使命

巩固执政地位——江泽民同志曾指出："经过八十年的发展，我们的党员队伍，党所处的地位和环境，党所肩负的任务，都发生了重大变化。我们党已经从一个领导人民为夺取全国政权而奋斗的党，成为一个领导人民掌握着全国政权并长期执政的党；已经从一个在受到外部封锁的状态下领导国家建设的党，成为在全面改革开放条件下领导国家建设的党。"[1]中国共产党已实现了执政地位的历史性转变，但目前干部队伍面临着腐败问题、新老干部交替问题、如何永葆先进性问题和增强社会主义信心的挑战。

完成社会发展战略目标——进入21世纪，虽然我国已经胜利地实现了社会主义现代化建设"三步走"战略的第一步与第二步目标，人民生活总体上达到小康水平，但是我国的"总体小康"还是低水平的、不全面的、发展很不

---

❶ 江泽民：《论"三个代表"》，北京：中央文献出版社，2001年，第164页。

平衡的小康。中国共产党第十五届五中全会提出的制订国民经济和社会发展第十个五年计划的建议描绘了这样一幅美好的蓝图：到2010年中国的国民生产总值在现有基础上再翻一番，到2020年建成惠及十几亿人口的更高水平的小康社会，到2050年中国将达到当时的中等发达国家水平。这一美好蓝图的实现，面临着很多挑战，这更要求广大干部在完成挑战中发挥最大的作用，为社会发展战略目标的实现作出积极的贡献。

实现中华民族的伟大复兴——十六大报告指出，开创中国特色社会主义事业新局面，就是要在中国共产党的坚强领导下，发展社会主义市场经济、社会主义民主政治和社会主义先进文化，不断促进社会主义物质文明、政治文明和精神文明的协调发展，推进中华民族的伟大复兴。中国共产党是实现中华民族伟大复兴的坚强领导力量，这在客观上决定了中国共产党的各级领导干部必须理想远大、德才兼备。全面建设小康社会，实现中华民族伟大复兴对干部教育提出了更高的要求。

胡锦涛同志的干部教育培训思想

胡锦涛同志从1992年任中共中央政治局常委开始，长期负责党群工作及干部教育领导工作。他在继承毛泽东、邓小平、江泽民等党的老一辈领导核心的干部教育思想的同时，又根据形势的变化和党的建设的需要，对干部教育工作提出了新要求，进一步丰富和发展了党的干部教育思想。

① 提高党的执政能力依赖于党的干部教育培训。

2004年9月19日，在胡锦涛同志主持的中国共产党十六届四中全会上，通过了《中共中央关于加强党的执政能力建设的决定》，要求："围绕增强执政意识、提高执政能力，创新培训方法，提高培训质量，大规模培训干部。"2005年3月16日，胡锦涛同志在给中国浦东干部学院、中国井冈山干部学院、中国延安干部学院建成并正式开学的贺信中指出："实现全面建设小康社会的宏伟目标，不断开创中国特色社会主义事业新局面，迫切要求我们大规模培训干部，大幅度提高干部素质。""以增强执政意识、把握执政规律、提高执政能力为重点，创新培训内容，改进培训方式，整合培训资源，优化培训队伍，提高培训质量。"我国改革开放和现代化建设已经进入关键时期，要全面贯彻落实科学发展观和全面协调可持续发展的关键在于各级领导干部，这就对干部教育培训工作提出了新的更高的要求。

② 完善干部教育培训机构体系。

胡锦涛同志十分重视干部教育培训机构体系的完善。2002年党中央决定创办上海浦东、井冈山、延安三所国家级干部学院，进一步完善干部教育培训机构体系。三所干部学院的建成，为干部教育培训提供了重要基地，对于我们继承和发扬党的优良传统和作风、提高领导干部领导社会主义现代化建设的本领，对于加强党的执政能力建设和先进性建设，发挥了重要作用。

在胡锦涛同志的重视下，中国共产党十六大以来，干部教育培训机构建设得到了很大发展，形成了比较完整的地方党校和行政学院系统，建立了门类比较齐全的部门和行业干部教育培训机构，构建了由中央党校、国家行政学院和上海浦东、井冈山、延安干部学院组成的国家级干部教育培训机构的新格局，初步形成了具有中国特色的、具备一定办学规模和教学科研水平的、比较适合干部教育培训需要的干部教育培训机构网络。

③ 注重加强思想理论建设，用发展着的马克思主义指导干部教育培训。

胡锦涛同志高度重视党的思想理论建设，他认为，加强党的建设最重要的是坚持和巩固马列主义、毛泽东思想、邓小平理论、“三个代表”重要思想、科学发展观在全党的指导地位，主张以发展着的马克思主义作为干部教育的指导思想，武装广大党员干部的头脑。以此为出发点，胡锦涛同志提出了科学发展观、构建和谐社会、加强党的执政能力建设和加强党的先进性教育等思想，并且加强这些战略思想的教育培训。同时重提“两个务必”，强调求真务实，注重抓好干部作风教育，结合新的形势和任务，把党在长期斗争实践中形成的实事求是的作风，理论联系实际、密切联系群众、批评和自我批评的作风，谦虚谨慎、不骄不躁的作风等优良传统作风发扬下去。

2004年1月12日胡锦涛同志在中央纪委第三次全体会议上强调：“帮助广大党员干部进一步提高坚持立党为公、

执政为民的自觉性，进一步提高坚持权为民所用、情为民所系、利为民所谋的自觉性。”

“信近于义，言可复也。恭近于礼，远耻辱也。因不失其亲，亦可宗也。”
——《论语》

在2006年3月4日，胡锦涛同志在看望出席全国政协十届四次会议委员时指出，在我们的社会主义社会里，要引导广大干部群众特别是青少年牢固树立社会主义荣辱观[1]。“八荣八耻”体现了中华民族传统美德和当今时代精神的完美结合，体现了依法治国和以德治国的有机统一，对于进一步匡正社会风气、提高文明程度、推进和谐社会建设，都具有重要的指导意义。

新发展观时期干部培训教育的主要内容

2006年中共中央组织部颁布实施的《干部教育培训工作条例（试行）》，对干部教育的制度化、规范化提出了更多的要求。《条例》系统地总结了我党在干部教育方面的历史经验教训，明确指出新时期党的干部教育必须使全体党员干部的马列主义修养、科学发展理念、党性宗旨觉悟、从政执政能力、社会荣辱品德等都能得到充分的提高。

① 马克思主义基本理论的教育。

马克思主义理论是我党进一步树立无产阶级世界观和提高共产主义道德的理论基础。新时期中国共产党的干部

[1] 以热爱祖国为荣、以危害祖国为耻，以服务人民为荣、以背离人民为耻，以崇尚科学为荣、以愚昧无知为耻，以辛勤劳动为荣、以好逸恶劳为耻，以团结互助为荣、以损人利己为耻，以诚实守信为荣、以见利忘义为耻，以遵纪守法为荣、以违法乱纪为耻，以艰苦奋斗为荣、以骄奢淫逸为耻，又称“八荣八耻”。

教育必须以马克思主义理论作为自己的首要教育内容。马克思主义是发展的科学，它的生命力就在于同各个时代、各个国家的具体实践相结合，回答实践提出的重大问题。马克思主义基本理论教育必须充分体现这一特点。这就要求干部在学习马克思主义基本原理的同时，还要接受马克思主义中国化理论的教育。至今，马克思主义中国化的历程已有八十多个年头，并产生了三个重大的理论成果——毛泽东思想、邓小平理论和“三个代表”重要思想。这些理论成果既是遵循和按照马克思主义的基本原理，又结合了中国革命和建设的具体实际，是由实践中得来又在实践中检验后得出的中国革命和建设的正确理论原则和经验总结，是全党全国人民的指导思想。因此，毛泽东思想、邓小平理论和“三个代表”重要思想是我们广大党员干部必须认真学习、贯彻落实的重要内容，必须充分认识新时期加强毛泽东思想、邓小平理论和“三个代表”重要思想教育的重要现实意义。

> 生存的第一要义就是学习和理解。学习知识是一种生活态度，服务社会是一种精神享受，能力提升是一种历史责任。

② 科学发展理念教育。

党的十六届三中全会提出“坚持以人为本，树立全面、协调、可持续的发展观，促进经济社会和人的全面发展”，并以此作为指导经济社会和人的全面协调发展的出发点和立足点。科学发展观教育是以人为本的教育。要通过干部教育培训使领导干部转变发展观念，坚持用发展着的马克思主义指导党的工作。要把科学发展观内化到广大干部头脑中，引导广大干部进一步转变发展观念，真正使科学发展理念入脑入心，变成全体干部的自觉实践。[1]干部教育培训还应该注意引导各级干部结合本地区本部门的实际，认真研究发展中的重大问题，努力把科学发展的理念转化为领导干部能力发展的动力。

③ 为人民服务，保持先进性教育。

全心全意为人民服务，是中国共产党的根本宗旨。作为广大人民群众的忠实代表，中国共产党只有全心全意为人民服务，才能使广大人民群众跟着党走，也才能最广泛地动员各方面力量完成现代化的建设大业。进入新发展观时期，要通过干部教育培训使干部深刻理解，干部与人民群众的关系是一种服务与被服务的关系。通过培训使得干部能够真正把自己放在公仆位置，把人民摆在主人地位；增强为人民服务的自觉性，树立对工作极端负责任、对人民极端热忱的精神，用全心全意为人民服务的信念武装自己的头脑，真心真意地做人民的好公仆。[2]

④ 干部执政能力教育。

中国共产党第十六次代表大会指出，面对执政条件和社会环境的深刻变化，必须加强党的执政能力建设，提高党的领导水平和执政水平。对此，十六届四中全会进一步

---

[1] 吴黎宏：《胡锦涛干部教育思想探析》，《社科纵横》（兰州）2007年第9期。

[2] 任民：《胡锦涛的民本理念》，《决策与信息》（武汉）2005年第1期。

全面阐述了加强党的执政能力建设的指导思想和总体目标，并强调要不断提高驾驭社会主义市场经济的能力、发展社会主义民主政治的能力、建设社会主义先进文化的能力、构建社会主义和谐社会的能力、应对国际局势和处理国际事务的能力等五项主要任务，而这同时也为新发展观时期干部教育界定了主要学习内容。干部的执政能力教育是一种综合素质教育，其价值集中体现在广大受教育干部的实际能力的提高。与时俱进的干部教育培训工作，不仅是要提高干部的思想政治素质、行政管理能力，还必须提高各级干部的业务水平。[1]因此，新发展观时期干部的从政能力教育必须按照时代发展的要求，将思想教育与能力教育紧密结合，完成由知识理论传授向人的综合能力培养的转变，以切实提高新时期党的干部履行职责的整体素质。

⑤ 社会主义荣辱观教育。

社会主义荣辱观是社会主义世界观、人生观和价值观的重要内容。树立正确的荣辱观，是社会文明程度的重要标志，是形成良好社会风气的重要基础。胡锦涛同志关于“八荣八耻”的重要论述，充分体现了新发展观时期社会主义荣辱观教育的基本内涵。作为干部行为操守的基本规范，它们是新时期干部荣辱观教育的重要内容。要通过教育培

---

❶ 吴黎宏：《胡锦涛干部教育思想探析》，《社科纵横》（兰州）2007年第9期。

训，把社会主义荣辱观教育贯穿、渗透于干部思想行为的全过程，引导干部自觉进行符合社会主义荣辱观要求的道德实践，在日常道德实践中弘扬中华民族的优良道德传统，学习体现时代精神的先进人物事迹，接受社会主义崇高道德情操的熏陶。

第三章

中外干部培训制度比较

■ 西方国家的公务员培训经验

较之世界其他国家，欧洲发达国家的公务员培训历史更为悠久，其制度体系也更为成熟。目前，许多国家的公务员培训体制都是效仿英、德、法等国建立起来的。

“不识庐山真面目，只缘身在此山中”。走出去，吸收更前卫、实用的培训机制；看进来，发现自身整体的不足与缺陷。

随着经济全球化的加快，西欧各国普遍感到竞争带来的巨大压力和严峻挑战，因而“人的潜能靠开发”、“对人进行投资”、“培训人才的投资是最有价值的投资”等理念不仅被企业界广为奉行，而且得到政府的巨大关注和支持。近年来，这些欧洲发达国家一直致力于完善自身的公务员体制，将公务员培训制度作为一项重要的战略体制进行不断完善和深化，因而也出现了一些新的特点和趋势。

⊙ 英国的公务员培训经验

早在英国于1870年正式建立公务员（文官）制度之前，其官员培训的历史便可追溯到17世纪。1870年建立公务员（文官）制度后，英国则开始依托高等院校训练官员。1963 年设立公务员培训中心，专门培养高级文官。1970 年又创立了文官学院，作为国家级培训文官的专门机构。而且除了国家文官学院以外，政府各部门也设有培训中心，承担部内公务员培训任务。

① 重视国家政府学院建设，将公务员培训作为公共服务改革计划的核心之一。

由文官学院发展而来的英国国家政府学院（National School of Government，NSG）是目前英国开展公务员培训最为知名的机构，被称为欧洲三大行政学院之一。该机构在 2007 年之前隶属于英国政府内阁办公室。但从 2007 年 1 月 1 日开始，英国政府学院正式从政府内阁办公室独立出来，成为非内阁部长领导的政府部门。这样做的目的是使其拥有更多的自主性，加强其在整个政府机构中的战略地位，更好地发挥其推进政府改革的作用。

除了由中央设立的文官学院对政府各部门较高层次的文官进行正规训练外，政府各部门内部也分别设立培训中心，承担本部门公务员培训的任务。政府还委托国内大学和其他教育机构承担一系列培训工作。

② 培训形式内容多样，量化培训考核指标。

英国的公务员培训共有三种，职前培训——针对新录用的或调任新岗的文官，在职培训——针对在职文官，管理培训——针对后备高级文官。每种形式的培训内容以及考核方式均有所区别。[1]除此之外，对于高级公务员的能力基准也制定了明确的量化指标。20世纪90年代初，英国开发了统一的能力基准，在此基础上建立起高级公务员的能力本位培训体系。英国高级公务员核心能力基准分为三大层次，并含有若干量化指标。[2]

为了鼓励文官积极参加培训活动，英国政府还规定，文官参加培训期间工资照发，而且参加培训取得的成绩和文凭均作为晋升或加薪的重要条件。

③ 注重培训认证工作，提供“量体裁衣”式的培训服务。

提高政府执政效率和公共部门的执行力是英国政府公共服务改革计划的核心内容，因而提高公务员培训的专业化水平显得尤为重要。“培训实践证书”认证项目的目标便在于培养一批高素质的培训从业队伍，以提高培训质量。英国文官学院的专家来源广泛，主要来自于政府部门、民间企业、大学、高等教学和研究机构。

不仅如此，英国的公务员培训已实现了从“产出导向”向“需求导向”的转变，为培训对象提供“量体裁衣”式的服务，即注意从培训需求分析入手，注意满足客户的自身需要而不是提供统一模式的培训，学院提供定制的专门

---

❶ 朱玉宝：《西方国家的公务员培训》，《中国培训》（北京）2009年第1期。

❷ 周洁：《英国公务员培训与招考改革》，《世界经济与政治》（北京）2008年第3期。

服务。同时，强调利用现代信息技术为客户提供服务，客户可以通过其网站了解和定制学院提供的项目和课程目录，课程目录以科目分类形式组合。

④ 市场化的运作模式，培训机构自负盈亏。

英国政府在推行新公共管理的过程中，成功地引进私人产业的效率、效益和效能观念及竞争机制，对文官学院进行了重大改革，使其完全自负盈亏。虽仍以公务员培训为主，但也为私人产业、国外组织和个人提供定制的专门服务。其培训业务除了少部分是政府计划性的，其余多是通过市场竞争而来的。无论培训政府官员或民间人员皆要收费，收费标准则根据课程性质及时间长短而有所不同。

为提高市场竞争力，学院通过学院网络为客户提供直接和定时的帮助，使得客户可以得到所有领域专家的技术支持。这样便可尽可能地满足培训对象的多种需求。培训园区往往配套设施齐全，托儿所、餐厅、招待所等设施均通过出售或出租方式给私营企业经营。

⊙ 德国的公务员培训经验

德国公务员制度的正式建立要晚于英、法两国。1949年开始制定的《联邦公务员法》，标志着其现代公务员制度的确立。作为国家级的培训机构，有1950年设立的斯佩耶尔管理科学大学和1969年设立的联邦行政管理学院，另外各州也设有相应的培训机构。

德国是一个高度重视公务员培训的国家，建立起了完备的培训体系，并在许多方面都具有鲜明的特色。政府对于公务员培训给予很大投入和支持。

① 法制化。

联邦德国在《基本法》和《联邦公务员法》上对公务员接受培训的权利与义务作了明确的规定，另外州政府有权力在联邦法律的基础上，根据本州的实际需要，制定适应本州公务员发展要求的管理办法或细则性的法律。

“此外，《联邦德国官员法》、《联邦德国官员资历条例》以及其他相关法规，对公务员培训的性质、地位；培训领导管理与组织实施机构的设置；培训规划、经费、师资、教材以及培训结果的使用，特别是公务员培训及其成绩与公务员的升迁待遇、激励机制等均作明确规定，从而确保了德国公务员培训的正常、规范、有效和充满活力地运作。”[1]各州在这些法律、条例基础之上依法进行培训活动。

德国将负责公务员培训工作和公务员接受培训这两个方面都上升到权利和义务的高度，用法律固定下来，实现公务员培训规范化。这是德国公务员培训的最基本、最显著的特点。[2]

② 层次化。

德国公务员培训的层次化非常明显。通常根据在岗时

---

[1] 方乐新：《德国公务员培训的基本经验与几点重要启示》，《北京交通管理干部学院学报》2005 年第 3 期。

[2] 王玉玲：《德国公务员培训及行政学院师资管理特点——赴德国学习培训的体会》，《哈尔滨市党校学报》2008 年第 2 期。

间分为以下四个阶段，由此发展出不同的培训内容。

A. 入门培训。入门培训是对初级公务员进行的培训，侧重于行政管理的基本知识和方法。除了法律专业和经济法专业的入门课程外，学院还设有财政、组织以及管理等教学内容。

B. 专业和行业培训。这是德国联邦行政管理学院培训范围最大的一部分，是对公务员的一种资格培训，侧重于巩固专业基础、提高业务能力。重要课程有人事部门管理、领导和协作；课程设置有组织工作方法、技巧、计划和决策程序，信息技术，财政、财务、税收；国民经济、企业经济，管理与经营，方法和教学论等。

C. 晋升培训。晋升培训是对晋升高级职务公务员的培训，侧重于工作方法、思维方式的学习。主要为学员介绍法律学家和经济学家的工作方法和思维方式以及行政管理学中的一些重大问题，原则上由联邦行政管理学院负责实施。

制定严苛的律法以正心，设计人性化的机制以育心。——“工欲善其事，必先利其器”。

D. 国际合作培训。国际合作培训是为国际组织和跨国组织培训德国籍人员，目的是提高受训者的组织能力和工作方法，讲授参加国际会议和业务洽谈的知识和技巧。此项培训还有一个目标，就是使学员了解其他国家的管理体制和经济、文化、教育的大体情况。这些课程主要聘请在国外工作的管理人员或在德国的国际组织中的专家讲授。

③ 终身制。

根据以上的介绍，德国公务员教育培训主要分为岗前培训和在职培训两大块，每个等级有不同的培训计划，培训贯穿于整个公共管理的全过程。加之有法律的明确规定，把公务员的录用和培训结合起来、把培训与职务晋升联系起来，公务员的培训工作便贯穿于公务员职业生涯的全过程，从而形成了“培训—就职—再培训—晋升”这样一个循环上升的机制。这种强有力而又可操作的激励机制最终使得公务员不断接受正规培训，不断提高自身素质。只有参加培训才能有条件得到或保住公务员工作岗位和职位，才能不断改善自己的工作和生活环境，实现自我价值，从而确保每个层次公务员队伍的优化与提高。

④ 实践性。

德国的公务员培训主要以提高实践能力为主导取向。培训的各个环节都始终以提高公务员的实践能力为主线，并形成了完善的保障机制。这种强有力的导向作用，使得德国的公务员培训效果更为明显、有力。

例如，公务员培训内容是针对学员工作实际需要而设定的，紧密联系政府工作的现实需求，具有很强的针对性和实用性。加之培训期间有 40%的时间用于岗位实习，学员毕业论文又与实际工作相联系，更进一步增强了培训的针对性。使学员把学到的理论能够直接用于解决工作中的实际问题。

⑤ 国际化。

德国公务员培训的国际化程度较高，政府予以很大的重视和投入。其中，还设立了专门负责公务员国际培训的事务机构，即位于波恩的德国国际培训与发展协会。同时，与欧盟乃至世界各国合作举办培训班，实现信息共享，以吸取当今世界上最新、最优、最先进、最有价值的管理理念、经验和技巧，以确保自己的管理水平永远处于全球的领先地位。

⊙ 法国的公务员培训经验

法国文官制度的确立经历了长期而曲折的过程。在1789年法国大革命爆发前，实行的是“恩赐官职制”。虽然随后的资产阶级大革命摧毁了其封建王朝的统治，使法国的选官、用官制度发生了根本性的变化。但19世纪至20世纪前半期，法国政局的动荡不安使文官制度的建立受到严重的影响，导致政府在官员任用上交替使用“恩赐官职制”和“政党分肥制”[1]，这造成了官场营私舞弊、行贿受贿、行政效率低下等现象层出不穷。

因此，制定相应的法规来加强对国家公职人员的管理势在必行。20世纪初，法国议会成立了研究委员会，专门研究在法国建立新的、统一的文官制度问题。1936年，勃鲁姆总理委托一个咨询委员会，草拟统一的文官考核、晋升和纪律等方面的法规。尤其自20世纪70年代以来，法国政府更加重视文官在工作过程中的培训与提高，从法律、机构、投资、设施等方面都给予保证，收到了显著效果，

---

[1] 张修学主编、陆林祥副主编：《国外著名行政院校概览》，北京：国家行政学院出版社，1999年，第227页。

从而在西方实行文官制度的国家中独具特色。

① 政府提供全方位的保障。

法国公务员的范围是西方国家中最宽泛的，包括政府及所属的公共事业机构的所有工作人员，约占总人口的7.17%。法国政府非常重视文官的培训工作，从法律、机构、投资和设施等方面都给予全方位的充分保障，使其公务员培训工作取得显著效果，并形成了鲜明的特色。

法国政府建立了完善的公务员培训制度[1]，为公务员培训提供充足的经费保障。此外，1985年颁布的关于培训的法令还规定，允许公务员选择参加为提高自身素质的培训，而且不论培训时间长短，其职务晋升、奖金福利都不会受影响。

② 庞大的培训网络。

法国公务员实行职位分类制度，公务员分为A、B、C、D四大类别。这四个类别按照文官的文化水平和所担任工作的性质划分，每一类别均规定有相应的职能范围、工资标准等，并要求有相应的文化水平。公务员培训的组织网络也分成四大系统，分别为行政学院系统、专门技术院校系统、全国领土公职中心、公务员备考中心系统，由此构建出一个严密的、专业化的培训网络。

而法国公务员培训的形式同样丰富。初级培训是针对初级公务员提高知识水平而进行的培训。考前培训是对公

[1] 李德志：《人事行政学》，北京：高等教育出版社，2009年，第209页。

务员为顺利通过晋升考试而进行的培训，且在法国公务员培训中占的比例很大，约为整个培训的 80%。深造培训是为部分公务员丰富知识、拓宽视野而进行的培训，形式比较灵活。

总之，法国文官的培训机构健全，组织得当，如此庞大的培训网络足以担负起全国文官的各类培训任务。

③ 重视培训的针对性和灵活性。

首先，法国政府非常重视对公务员的培训需求进行调查研究，帮助公务员了解自身情况，以便更好地制订培训方案。法国政府各部门每年都要向下属机构发放培训需求调查表，并进行层层汇总、综合分析，并结合年度培训预算来制订第二年培训目录。其次，法国政府非常重视培训的效果，坚持“培训的目标就是培训的结果”的理念。每项培训都会事先制订详细、务实的培训目标和计划安排，并且根据未来职业的特点合理地设置培训课程，制订周密的教学计划和统一的培训大纲和教案。再次，法国的公务员培训为适应公务员培训的需求与特点，采用灵活多样的教学方式与方法，注重采用现代的培训理论与方法，采用启发性的教学模式，充分发挥学员的主体作用，引导学生积极参与，例如在培训过程中借助于角色扮演、情景模拟、现场观摩等方式调动学员学习的积极性。

⊙ 美国的公务员培训经验

美国是继英国之后建立文官制度的国家，但起步较晚，直到1930年才颁布总统令，规定文官事务委员会、政府各部要对文官进行培训。此后，公务员培训日益受到政府和各教育机构的重视，并得到了法律上的保障。

1936年，《乔治狄恩法》中规定了各州政府举办公务员培训事宜，联邦政府给予经费补助。1968年美国设立了联邦行政学院，全国各地有180所行政管理学院为政府培训公务员，一些著名大学的管理学院如哈佛大学肯尼迪政府学院也参与其中。此后一系列法律条例纷纷出台，直到1974年颁布了《雇员综合培训法》，美国公务员的培训制度方基本定型。其公务员培训体系特色主要在于以下几点。

① 培训范围广泛，扩展了对被辞退公务员的培训工作。

美国公务员培训的范围涵盖了从高级公务员到普通公务员及新任公务员等各方面的人员。其培训形式主要有三种。一是任前培训，针对于新录用文官的培训，主要采取实习的形式，在正式任职前，在在职文官的指导下，让新录用的人员参加实际工作。而文官在担任新职务前也需参加此项培训，以便确保其顺利履行新的职责。二是在职培训，是对在职人员进行的继续教育，是美国公务员培训的重要组成部分。培训形式多样。三是高级公务员培训，“联邦行政长官学院”专门负责高级文官的培训。除此以外，还选拔部分有培养前途的中级文官参加培训，以培养后备高级文官。[1]

[1] 朱玉宝：《西方国家的公务员培训》，《中国培训》2009年第1期。

不仅如此，对于被辞退的公务员，美国政府也提供培训机会。这一点是较为特殊的，且早在1974年的《雇员综合培训法》中就有所规定。在克林顿政府改革时期，也正是得益于这种培训工作，使其精简28万公务员的计划得以提前完成。被辞退公务员一般不具备新的工作技能，没有能力在社会上重新找到工作，而培训则为公务员拓展自己的知识提供了机会，也为公务员的重新就业提供了技能保证。从而既减轻了精简的难度也巩固了精简的成果。

学历是过去，学习能力才是将来。

② 培训方式灵活实用，教学方法别出心裁。

美国公务员培训可以针对不同的培训需求和培训对象采取不同的培训方式。这些方式主要有技能培训或示范表演、个人教练或在职培训、敏感性培训、工作循环培训、特殊会议和讨论会、游戏或模拟式培训、交流和休职计划。学院培训期间开设实用课，由学员轮流作专题报告，即根据自己的工作准备课堂报告，然后与其他学员一起分析讨论。灵活的培训方式也带来了非常显著的培训效果。

美国的公务员培训倡导以学员为主体，为了让学员能够积极地参与其中，采取了许多行之有效的教学方法，如案例教学法、讨论法、实地考察法、电化教学法、合作研究法。由此可见，美国的公务员培训重视面授的演讲式、研讨式、师生双向互动交流以及情景模拟教学、现场参观解说和一个主题分多个片段组合。这些教学法贯穿于整个培训过程，使得学员更有针对性的、实用性的提高。

③ 美国公务员培训渠道多样，有效利用社会资源。

美国公务员培训渠道运用了许多社会渠道，不仅有政府设立的专门的培训机构，也有社会上的科研和高等院校。对高校和科研院所的重视一直是美国培训制度中一个显著特点，从其创立之初就非常重视大学在公务员培训中的作用。美国每年约有 1/3 的公务员选择在非政府机构接受培训。这样，不但节约了政府的培训开支和管理成本，也充分利用了社会上的有用资源。政府建立的公务员培训机构以联邦行政学院最为著名。而这些科研和高等院校培训机构尤以哈佛商学院和肯尼迪政府学院最为著名。

④ 合理的课程设置，优秀的师资队伍。

经过长期的培训实践，美国政府逐步确立了经济型、政策型、实用型人才的培养目标。公务员教学操作与这一目标紧密结合。但美国各类培训机构的课程设置不尽相同。例如，联邦行政学院开设了领导艺术、创造性解决问题、信息管理、行政事业规划与发展、宪法研究、决策权利与影响等课程，所有课程可供学员自由选择。而纽约州政府以“有效培训”为目标，开设了行政工作质量管理、机构运作、财政预算、立法过程、组织沟通等课程。总体来说，各个大学的公务员培训主要侧重于基础学科。综合来看，美国的公务员培训课程相对集中于领导艺术、行政管理、战略策划、财政预算、宏观经济、组织协调与沟通、人力资源开发与管理、工作效率与质量管理等课程。

美国联邦政府和州政府的公务员培训机构一般由政府官员来承担讲课任务，同时也会聘请一些专家。而在大学和科研机构开设的培训机构则由教授和政府高级官员共同完成授课任务，这样便能保证实践与理论的紧密结合。特别对于那些知名大学而言，不仅拥有许多兼任政府高级顾问的教授，还因为与政府特殊的关系而更易邀请各行业精英来院讲学。

⑤ 明确的培训指导思想，树立学员正确的价值观。

西方国家公务员培训过程中虽然非常重视培训的实用性和效果，但是对于培养学员正确的价值观和服务意识也是给予很大投入的。美国公务员培训过程中首要强调为公众服务意识，只有具备这样的素质，政府工作效率和效果才会焕然一新。培训课程中还有意识的引导学员注意国际形势、社会改革等内容，以增强其政治敏感性。此外，鉴于美国社会的复杂性，学员以多元化的意识分析、解决问题显得非常重要。这些适应美国社会现状和政府行政需求的观念和素质均在课程设计时便予以考虑，以求培训不仅能够提高学员的工作能力，也能兼顾其综合素质。

⑥ 引进激励机制，调动公务员接受培训的积极性。

美国公务员的晋升制度与公务员培训有着密切关系，这主要包括两种途径。一是按照规定，公务员必须参加某种培训才可获得晋升机会。二是间接性的鼓励措施，即公务员参加培训后，工作能力提高，晋升机会也会随之增加。因此，美国的公务员都非常积极地参与培训活动。美国政府各部门还建立了公务员资格评审委员会，审查推荐优秀人才进行培训，被提升的人当中90%以上均经过培训。

⑦ 有效地解决培训经费问题，实现资源合理分配。

美国政府在处理公务员培训经费问题上充分调动了社会资源，有效地节省了国库开支。国家每年会向培训机构拨出一定的研究经费，其余所需经费则由其他渠道筹集，如政府、学员、社会力量等。

美国作为世界上最早建立公务员制度的国家之一，经过几十年的发展、改进，积累了丰富的经验。美国公务员培训中政府的积极影响、课程教学的新颖独到、社会资源的合理利用等成功经验，对于我国的公务员培训工作有很大借鉴意义。

■ 亚洲国家的公务员培训经验

亚洲国家的公务员制度起步晚于西方国家，但是亚洲国家却成功吸取了欧美国家的成功经验，并根据自身情况加以补充，从而形成了自己的特色，跻身世界一流行列。其中，以日本和新加坡的公务员培训制度最为引人瞩目。

⊙ 日本的公务员培训经验

日本的公务员制度建立于第二次世界大战以后。1947年10月，日本颁布了《国家公务员法》，标志着其建立起了现代公务员制度。在世界各国的公务员队伍中，日本以队伍精练、结构合理、整体素质高著称，被誉为“尖子政府”。日本政府始终把公务员培训看做建立现代化经济的第一要素，通过《国家公务员法》、《职员的教育训练》等制度明确政府对公务员培训应负的责任和担当的任务，以及公务员接受培训的权利，还在人力、资金、机构等各方面予以很大投入。[1]总体来说，日本的公务员培训工作的最大特点在于以能力为本，重视精英人才。

① 严密的培训体系，形式多样且有针对性。

公务员培训教育贯穿于日本公务员职业生涯的始终，不同职级、不同年龄、不同岗位的公务员在其工作的不同阶段都有相应的培训计划、培训措施。培训形式按性质可分为初任进修、在职学习、离职进修、专业技术培训、国外进修。

培训形式从内容上来看，既有以知识灌输、课堂教育为主的讲座，也有偏重实地考察、个案研究的共同研修、实景再现；既有与日常生活紧密衔接的行政培训、管理者研究会，也有以攻读硕士学位、获得高度复杂化行政管理知识为主要目标的行政官制度。

② 培训机构强调中立，拥有独立的教学计划。

人事院作为公务员培训教育的领导机构，负责制订、调整中央各省厅的进修计划，组织跨省厅培训。在中央省厅的指导下，各地、各部门均设有各自的公务员研修所，

---

[1] 张昌玉：《日本公务员培训制度的改革及对我国的启示》，《现代日本经济》（长春）2003 年第 5 期。

以培训本部门工作人员。地方培训则由人事院在各地的事务所负责实施，并成立自己的培训中心。但日本的公务员是中立的，其培训机构也是中立的，它们不隶属于任何政党。这就使得日本的公务员培训体系更为稳定。

③ 培训学制普遍较短、规模较小，但效率很高。

日本公务员在培训机构接受培训的时间一般很短，根据 2004 年日本人事院公务员研修所制订的干部要员研修方案可以发现，五个层次的行政培训时间都没有超过两周。

日本公务员培训机构一般依附于各个公共部门，因而规模较小。作为独立的人事院公务员研修所，职员仅有 30 人左右，主要是办公人员；其教学老师则主要借助社会资源，常从大学聘请教授，这样便可以配备出最好的师资力量。例如，课长级行政研修班主要聘请早稻田大学、东京大学等大学的教授主持，政治中立性研修便邀请政策研究大学的教授主持。另外，这些培训机构均由国库预算拨款，因而机构的精简就意味着开支的节约。

④ 注重学员的综合素质和道德伦理。

日本国家公务员培训内容不仅注重专业能力的培养，而且注重全面素质的训练。“日本人事院公务员研修所提出的公务员培训基本内容包括：培养学员开阔的视野，柔软的管理，与其他组织、行业相融的能力，与其他职员的亲切感，信赖关系的形成能力，高尚的伦理观，国际感觉，国民视点等。”[1]在各个类别的公务员培训中均有公务员职业伦理的培训内容。

近年来，日本的公务员培训还将古典伦理名著研讨列入教学内容，如开展“武士道”、《论语》、古希腊伦理思想等文化研读课程，这是日本独具特色的培训方法。公务员从低级到高级都有不同的伦理素养要求。

⑤ 培训对象走精英路线。

不同于西方许多国家要求或允许所有公务员参加培训活动，日本人事院公务员研修所培训的学员都是经过组织选拔出来的，其目标是培养有能力领导、策划、组织的高等人才，而非全员式的普遍提高。而且为了调动公务员参加培训的积极性，日本政府从1952年起对参加培训学习成绩特别优异的公务员，实行特别增薪的制度。

⊙ 新加坡的公务员培训经验

新加坡虽然国土面积小、自然资源和人力资源缺乏，发展时间又很短，但却在短短几十年异军突起。据美国商业环境风险调查机构评选，新加坡政府效率名列世界第一，这主要得益于它有一套比较完善合理的公共行政管理制度和一支素质优良的公务员队伍。

新加坡的公务员制度可追溯到1819年，是由新加坡最早的奠基人斯坦福特·拉夫勒斯爵士建立的。1959年，新

[1] 孙艺兵、方伟：《能力为本，造就政府精英人才——日本公务员培训情况考察启示》，《唯实》（南京）2005年第4期。

加坡作为一个自治政体问世，自此，公务员制度才伴随社会与经济的发展开始了它正常发展的历史进程。

为实现公共服务部门有效的管理与高效的服务，新加坡建立了一套行之有效的公务员培训管理体制和运行机制，其基本原则是“严肃、高效、廉政、务实”，这对提高政府官员的素质效果显著。

高薪不足以养廉，轻廉则足以覆国。

① 制度上的保障和鼓励。

新加坡是一个以法治著称的国家，法律规定非常严密。当然，在公务员培训方面也不例外。新加坡有关法律规定，公务员参加培训既是权利也是义务。作为公务员所在的政府部门必须从经费上落实，公务员工作满三年后就可以要求政府提供助学金资助。另外，新加坡政府还从制度上对于公务员培训活动予以鼓励。公务员的培训结果与年终考核密切相关。如果没有完成规定课时的培训，文官的评定等级、晋升、年终花红都会受到影响。

国家对学员参加培训期间的行为也作了相应的规定，例如要以全部时间从事训练课程的研究并参加培训期间所举行的各种考试，培训期间要住在所规定的学校、招待所或住所，学习及纪律行为务必使公共服务委员会满意等。[1]

② 严密的培训分类与管理。

新加坡公务员范围比较广，主要包括政府各部门的工作人员、独立机构的工作人员和小学教师。按性质可以分

---

[1] 裴彦、滕四波：《新加坡的公务员培训》，《宏观经济管理》（北京）1998 年第 3 期。

为行政管理类、专业类和部门类三类。按级别可分为五等，即超级、一级、二级、三级、四级，分别对应的是高级主管人员、专业和管理人员、执行人员和办事辅助及外勤人员。

根据公务员分类情况，新加坡公务员培训可分为基本、高级、扩展及后续四个类别。各类别的公务员培训方式对培训对象及培训目的都有具体的规定。新加坡公务员培训的主要机构为新加坡文官学院，它承担了绝大多数的培训任务。公务员可根据自己的情况对培训提出申请，其主要的培训项目有四，分别为攻读研究生项目、管理培训项目、其他短期培训项目、非政府资助攻读研究生项目。

③ 全面落实的评估体系。

新加坡政府对公务员培训过程中的评估认定较之其他国家更为全面、系统，贯穿于整个培训活动。

培训前，政府对中高级公务员实施潜能测评制度。由部门领导、专家组成的潜能测评委员会对其逐一进行潜能测评。根据测评结果，将潜能高、发展潜力大的公务员进行重点培养，或送出国进行深造。培训中，及时评估教学是否符合学员需要。评估内容包括课程设置、教学资源、授课速度、培训重点、讲课方式等。培训后，对学员进行追踪调查，评估学员的培训对其工作的贡献。主要做法是对学员及其上司通过问卷、电话、访问等形式调查学员的学习效果和事业发展。

④ 培训机构的市场化准则。

新加坡各类培训机构共有三大类：一是政府成立的法

定培训机构；二是工商业机构成立的培训机构；三是社会团体专业机构成立的培训机构。另外新加坡的大学也承担部分培训课程。

从 1997 年开始，新加坡政府不再直接为培训机构提供经费来源，而是将培训费用直接分配给各级政府部门，由他们通过招标自行选择培训机构。这样大大地增强了各培训机构生存发展的市场竞争意识，提高了各类培训机构的专业化水平和适应市场能力。各个培训机构为吸收学员，专门设计了菜单式的课程体系，供学员进行选择。同时根据国际形势与国家发展的要求，不断调整专业。

2010 年我去新加坡考察，经当地官员介绍，在新加坡公务员的岗位要求中，本科学历就算是高学历了，大多数只要专科学历即可。我想，如果没有一个强有力的公务员培训体系作支撑，这样的知识结构是很难胜任其工作的。

中国的干部培训经验

八十多年来，干部教育培训紧密结合各个历史时期的中国共产党的中心任务，在培养大批治党、治国、治军的领导人才中发挥了重要作用，有力地推动了党的事业不断发展，并积累了许多宝贵经验。

读书以明理，明理方能立志。

一、领导干部培训必须坚持以马列主义、毛泽东思想和邓小平理论为指导，紧紧围绕党和国家的工作大局，全面、正确、积极地贯彻并执行党的基本路线服务。党和政府历来重视干部教育，干部教育始终围绕党的中心任务开展工作，在不断提高干部贯彻党的基本路线的能力和自觉性方面起到积极的作用。在延安整风时期，干部教育为党在思想上立于不败之地作出了贡献。在建国前后，干部教育在培训社会主义革命和社会主义建设人才方面具有非凡的效力。在改革开放后，干部教育为社会主义现代化建设作出了新的贡献。八十多年的干部教育实践表明，在干部教育中只有坚持马列主义、毛泽东思想和邓小平理论，才能真正发挥干部教育的功能，促进我国社会发展和党的建设。

马列主义、毛泽东思想和邓小平理论属于价值观和方法论的高度统一，这些知识都属于难以直接看到和证明的，只有在实践中去检验。因此，在我国的领导干部培训中，自始至终比较重视价值观和宏观决策能力等隐性知识的培养。这些知识的传授和获取，必须要有专门的机构来不断研究和发展，从而使这些知识能够与时俱进，服务于不同发展时期的领导干部培训工作。

二、干部教育过程中必须坚持理论联系实际的马克思主义学风，坚持教育与实践相结合的原则。理论联系实际不仅是学风问题，而且是一个重大的政治问题。学习理论只有与实际结合才能真正学懂，也只有联系实际才能真正用好。八十多年的干部教育实践表明，教条式的、学究式的、经院式的学习方法和从书本知识到书本知识的教学方法，是根本无法培养出真正高素质的干部的。理论联系实际的学风在革命战争时期的干部教育实践中，不仅缓解了战时的困难局面，而且丰富了干部教育理论。理论联系实际的学风不应该仅仅局限于干部教育的宏观决策的制定上，而应该落实到具体的教学、课程内容以及管理机制的变革上来，只有这样才能使干部教育永葆活力，适应时代的发展。

理论和实践相结合，能够使领导干部提升利用所学知识解决实际问题的能力，能够使所学习的隐性知识显性化，使干部培训更加有效的为其培训目标服务。

三、干部教育体系要不断调整，逐步建立符合时代发展的、有中国特色的干部教育培训体系。干部教育体系的合理与否直接制约着一个国家的干部教育水平。八十多年来，我国的干部教育体系从无到有，逐步形成了庞大的体系，但仍与发展迅速的社会变迁不相适应，如何适应不断变化的形势，保持和增强干部教育体系的适应能力，是干部教育发展中甚为重要的问题。

四、干部教育必须面向世界，从中国实际需要出发，学习和借鉴世界各国的有益知识和经验。西方的公务员培训制度为我国干部教育的发展提供生动的借鉴之源。干部教育只有立足于我国国情，在参照西方公务员培训理论的基础上，从学校的运行机制、课程设置、教学方式、管理方法等各个方面进行全面的革新，才能适应当前经济全球化、政治一体化对干部素质提升的需要。我国干部教育必须放眼世界，在办学体制、管理方式上实现新的突破，逐步实现办学模式的社会化、教育内容和课程体系的科学化、干部教育管理的法制化、教学方法和手段的现代化。

五、干部教育评价机制是制约各个时期干部教育成果的关键性因素，干部教育的评价方式、评价理念要不断更新。几乎每个时代有关干部教育的重大文件中都会规定考核干部学习结果的方法，但这些论述往往大同小异，并没有随着时代发展对干部素质要求的提高而有相应的变化。如果说这在革命战争时期是由于形势所迫的话，那在社会主义建设时期这已经远远落后于时代发展的需要。我国干部教育培训质量不高的原因有很多，但是缺乏对于干部培训的系统化研究应该是最重要的方面。干部教育培训作为一个相对独立的系统，有自身发展的客观规律，只有在服务于党和国家中心任务的前提下，严格按照基本的培训规律来运作和发展，才能真正改变目前不甚清晰的培训途径和模式，对我国干部教育的发展起到至关重要的影响。

随着现代社会的发展，政府对于公务员的素质要求越来越高，因为这直接关系到政府的工作效率和服务质量。各个国家的政府机构无不重视公务员的培训教育工作，建立公务员培训制度，以造就一批优秀的公务员队伍，提高行政管理水平。进入21世纪后，许多国家陆续提出“培训革命”观点，把公务员培训提高到人力资源开发、增强综合国力需要的高度，培训不再仅仅涉及公务员的个人素质，而且强调公务员培训的战略位置。

发达国家的公务员培训制度虽然受各国国情、文化传统、社会制度和政治制度的影响而不尽相同，但都是把培养高素质公务员队伍置于重要的战略地位，逐步建立并完善了较为完备的国家公务员培训制度。近年来，我国也认识到公务员培训工作的重要性，着手建立公务员培训制度，但还存在着许多仍需改进的地方，因而我们需要借鉴和学习西方国家在公务员培训制度方面的一些特点和经验。

⊙ 公务员培训制度化建设

发达国家一般都把培训作为公务员的权利和义务纳入法规条例，甚至是国家根本大法，使其制度化、规范化，为公务员参加各种方式的培训提供了有效的法律保障。而我国在公务员培训方面的法律制度还不够健全，致使公务员培训工作随意性较强，培训经费难以保障，因此，必须重视和加强公务员培训方面的立法工作，加强法律在公务员培训中的作用，提高公务员培训的法制化程度。

我国于 2005 年 4 月通过了《中华人民共和国公务员法》，已开始用基本法律或一般法律的形式规定公务员培训工作。但还应该继续提升培训工作的立法层次，使公务员培训更具规范化，更有权威性。中央政府应该建立和完善公务员培训工作的单项法规，尽快制定国家公务员初任培训、任职培训、专业知识培训、更新知识培训等方面的实施细则，以及公务员培训质量评估的规定、公务员培训经费的来源和使用规定等。最后，各地方政府在以上法规的指导规范下，应尽快根据本地实际情况制定出具有本地特

> 领导干部若能以书桌代替酒桌，是百姓之福，更是民族之福。
> ——吴永强

色的公务员培训实施办法，如培训管理、施教机制等，并配以相应的法律法规作为保障。

另外，还应加强和完善我国公务员培训的激励机制，使其发挥预期效果。《中华人民共和国公务员法》中虽明确规定“公务员培训情况、学习成绩作为公务员考核的内容和任职、晋升的依据之一”，但在实际操作过程中，由于缺乏配套措施，使得规定无法真正起到作用，导致许多公务员在培训中缺乏学习动力。因而要建立严格、科学、明确的公务员考核制度，并将其与职位升迁联系起来，这样公务员便会自愿积极地参加培训，培训的效果自然也会比较显著。

⊙ 培训内容的全面化趋势

在培训内容上我国的公务员培训与原有的党校、干校教育侧重点相似，即偏重于单纯的思想政治理论教育，而对行政管理所需要的基本知识、岗位技能等专业能力重视不够。发达国家的公务员培训内容丰富多彩，注重全面的知识能力和技能的学习与训练，既有提高专业素质技能的专业知识培训，也有开阔视野、运筹决策的管理才能培训，还有提高公务员敏锐度的智力训练。培训内容的全面意味着培训的专业化，学员可根据自身需求选择不同类型的培训活动。

随着时代的发展，我国的公务员培训面临着新的挑战，对公务员的能力建设提出了一系列新的要求，这就要求培训内容应围绕新时期公务员能力建设来进行。因此，我国公务员培训内容应该注重实际，不断调整丰富，不断更新。只有提高公务员的能力，才能自如应对复杂的内外部环境，它是公务员素质中最主要的因素。加强公务员能力建设是增强公务员竞争能力的关键，是建设一个强有力政府的关键。正因为如此，发达国家的公务员培训特别注重理论和实践的相结合，把学生派到国家行政部门、地方行政部门或驻外使馆学习，使学生参与行政管理实践，了解政府机关运作模式，丰富行政管理知识。甚至将学员派到公司企业去，使其了解社会，增强其基层工作经验。

目前我国公务员培训的内容大多滞后于当前的现实，缺乏专门教程和应有的特色，培训内容多为一次性、标准化的，没有根据受培训者的不同层次、不同需求采取因人施教的培训机制。因此，我国应该不断更新培训内容，对不同级别、不同层次、不同年龄、不同岗位的公务员提供不同的培训内容，使其内容设置有针对性，切实符合实际需要。

另外，近年来许多发达国家越来越强调职业道德培训的重要性，以培养公务员遵守职业道德和行为规范的职业素质，这对于保证政府工作的廉洁起到非常重要的作用。有些国家甚至在培训内容中加入了本国传统文化研修，以提高学员的文化思想内涵。因此，我国应该以全面提高公务员素质能力为指导思想设计培训内容，尽快修订各类公务员培训教材和大纲。

⊙ 培训形式的多样化选择

目前我国的公务员培训方式主要是利用党校、干校和大专院校进行的，有时组织人事部门依托当地行政管理学院进行短期培训。培训形式单一，不能采取多种灵活实用的教学方法。特别是地市级公务员培训除了简单的课堂教育外，很少有教室以外的考察、调研、参观等实践活动。发达国家的公务员培训形式则比较灵活。既有公务员学院专门组织的培训，也有通过国内高等院校和其他教育机构组织的培训；既有专家学者指导下的系统培训，也有部门领导及资深同事辅导下的业务培训。而培训时间也长短不一，长则一两年，短则只有几天。

培训形式的单一大大局限了培训的质量，因此应该根据培训内容的不同为学员提供不同的选择，既可以采取短期全脱产的形式进行集中培训，也可以采取半脱产的形式进行“半工半读”式的培训。根据培训内容的不同，应该将岗前培训、在职培训、晋升培训等培训形式进行区分，以供学员选择。

此外，还应加强培训的国际交流。西方国家公务员培训工作起步较早并积累了丰富的经验，值得我们学习和借鉴。因此可以定期选派一些具有良好的政治素质、丰富的工作经验、较高的文化水平的公务员骨干出国培训进修，开阔眼界、增长见识，以培养一批可活跃于国际舞台，具有国际眼光和全球观点的高级公务员。

⊙ 富有针对性的教学方法

长期以来，灌输式的讲授教学法是我国公务员培训的基本方法，现在仍在培训中占有相当重要的位置。这种方式在短期内传授信息量很大，内容集中，可控性强，但是学生和教师缺乏必要的互动，不易调动学生参与教学的积极性，也不易学生进行消化吸收。发达国家的教学形式具有明显的开放性、实践性、多样性。

发达国家的公务员培训活动是一个开放的系统，与社会联系紧密，常常邀请现任或退休的政府高级官员来演讲，介绍世界形势、政府政策、工作经验等，使学员加强对各部门了解，从而扩大学员的知识面。发达国家的公务员培训还注重现实的行政管理能力，强调以亲身实践、解决问题的方式来增益知识。这不仅表现于实习培训上，还表现在课堂的教学方法上。培训中充分体现了其主体性，为让学生积极参与到整个教学活动中，教师常常运用讲授法、研讨法、案例教学法、情景模拟法、实践教学法、角色扮演法、头脑风暴法等教学方法引导学生进行思考。

我国的公务员培训要从传统的培训教育方法转变到现代的培训教育方法上来，要摆脱传统的课堂教学与社会实践相脱节的培训方式，大胆探索并积极采用一些科学的培训方法和先进的教学手段，引进其他的先进教学方法或多种教学方法交叉并用。

⊙ 健全的培训机构和管理

浓缩的未必是精华，但臃肿的管理机制必定会形成人浮于事，拖、等、卡、要的恶性循环。

长久以来，我国的公务员培训一直由党委组织部门统一筹划安排，然而这种管理模式已难以适应现实要求。由于没有建立统一的主管培训机构，造成培训工作多级领导、管理紊乱、学制复杂、教学内容参差不齐、经费来源不稳定等弊端，使培训工作显得较为混乱、缺乏计划性。针对这样的情况，发达国家往往设有专门的、甚至是独立的机构，统一规划并指导全国的培训工作，并对其进行监督评估。因此，我国也有必要建立专门的培训管理机构。

以往我国干部培训主要是通过各级党校、各级干部管理学院、高等院校以及社会办学等方式进行的。党校和管理干部学院存在着专业学科设置陈旧、师资队伍素质不高、知识结构老化、教学设施缺乏等问题。高等院校尽管教师素质相对较高，但缺乏行政专业经验；社会办学往往在教师素质和专业经验两个方面上都存在缺陷，效果更不甚理想。可以说，我国目前的培训机构还不能满足现实需求。

发达国家的公务员培训学院则更为职业化，从中央政府到地方部门，从高等院校到社会办学，均已形成了良好的培训体系。因此，我国公务员培训机构的建设还需国家提供支持、保障，对培训机构进行严格的认证管理，以逐渐形成网络化、专业化的培训体系。

⊙ 专业化的培训队伍

公务员培训与开发是公共部门人力资源开发的重要环节。专业化的培训队伍需要综合运用教育学、心理学、管理学、组织行为学等学科理论和项目管理等方法，开展培训需求分析，规划设计培训方案，组织开展实施培训项目和评估培训效果等。因此，师资队伍建设与公务员培训质量有着直接的关系。

时代发展对培训者提出了更高的要求。培训者不仅是组织者，同时也是学习者。培训者必须不断学习、丰富和更新自己的知识结构，认真研究培训技术和方法，不断创新培训方式和手段，还要在培训技能与艺术、培训服务方面严格要求自己，实现培训者和被培训者的互动交流。因此，对培训者的培训和评估也是十分必要的。

目前，我国各级行政学院教师队伍多为专职，他们具有系统的专业理论知识，但缺乏行政管理部门和企业的实际工作经验，难以适应以实用为首要原则的培训工作需要。为此，我们要特别重视师资队伍的建设，教师队伍结构要专兼结合，并适当扩大兼职教师的比例。从具有坚实的理论基础和丰富的行政管理经验的高级公务员、高等院校和科研单位的专家学者以及企业高级领导人中选聘一批兼职教师，根据教学需要和本人的研究成果实行动态管理。

⊙ 贯彻始终的评估系统

公务员培训的基本目的在于提高学员的理论水平以及处理实际问题的能力，因而只有对公务员基本情况、培训过程和培训效果进行全方位的评估，才可以对整个培训进行分析总结，进而改革修正。发达国家几乎都有一套固定的评估体系，最常见的方式是要求学员对培训内容、形式等方面提出建议。而我国对公务员培训整个过程的评估还未形成系统，还没有充分意识到评估的重要意义。

我国拥有一支庞大的公务员队伍，情况十分复杂。因此，对于公务员、特别是中高级公务员的素质潜能进行评估非常重要，这有助于培训内容和形式的确定，也有助于国家对公务员队伍进行动态认识。另外，公务员培训完成后的追踪调查对于评估培训效果具有显著意义。

制度上的建设和发展取决于意识形态上的认识，因此我们首先要对公务员培训的战略地位有明确清晰的认识，应将其放到关系国计民生的历史高度。我们应该看到，虽然我国的公务员制度起步较晚，还存在着不完善的地方，但党和国家已经充分认识到了公务员培训的重要地位，致力于建立一支高效廉洁的公务员队伍，并取得了一定的成效。以上所介绍的发达国家的公务员培训经验对于我国公务员制度建设均有着一定的启示作用，但不可一概而论。每个国家的历史和现实情况都存在着差异，只有因时、因地制宜，才能建立起富有中国特色的、行之有效的公务员培训制度。

方方面面说了很多，总结一下：世界主要国家的公务员培训途径基本分为两种，一是政府成立的专门机构，二是依托国内外的高等院校。这两种培训途径通过各具特色的内容和方式长期存在，为公务员培训的运行质量和效率提供了保障。

第四章

高校作为干部培训基地的价值及必要性

《中华人民共和国公务员法》的颁布，使我国的公务员培训以立法的形式得到了明确。中共中央组织部多次发布干部培训规划，并于2006年颁布实施了《干部教育培训工作条例（试行）》。

1988年，根据中国共产党第十三次全国代表大会和第七届全国人民代表大会第一次会议决定，国家行政学院开始筹建，并于1994年正式成立。国家行政学院是培养政府高中级公务员、高层次的管理人员和政策研究人才的另一阵地。

2002年全国组织工作会议提出：从2003年起，利用5年时间将全国县处级以上领导干部全部培训一遍。每年有组织、有计划地培训省部级干部500人左右、地厅级干部8800人左右、县处级干部10万人左右。根据这一要求，2003年年初，中组部干部教育局组成两个工作组，分别负责浦东干部学院和延安、井冈山两所学院的办学方案设计。

2003年6月，3所干部学院相继开工，并于2005年3月投入使用。按中央组织部的设想，井冈山、延安两所学院的定位是充分利用自己不可替代的宝贵历史资源，把基地建设成为配合中央级和省级党校与行政学院的教学安排、面向全国的革命传统教育基地和激发党员干部燃烧革命激情的“加油站”。浦东干部学院则根据上海的特点，其定位为“具有国际性、时代性、开放性特点的新型干部教育基地和开展国际培训交流合作的窗口”。

希望革命的摇篮继续为我党培养更多的人民公仆，而非衮衮诸公。

通过多年来的发展与壮大，我国目前在干部教育领域逐步实现了以党校、行政学院、三大干部学院为主体，以地方高校和国外机构为补充的干部教育培训体系。由于主体部分在组织方式、培训内容和手段上差别不大，我们可以统称为“主体途径”，它和高校途径、国际途径并列成为目前干部教育培训工作的三种主要途径。

第一种途径，主体途径。

中共中央党校——中共中央党校是轮训、培训党的高中级领导干部和马克思主义理论干部的最高学府，是学习、研究、宣传马列主义、毛泽东思想、邓小平理论、“三个代表”重要思想和科学发展观的重要阵地和党性锻炼的熔炉。在教学的全过程中贯穿增强党性的要求，开展党性党风教育。定期邀请中央领导和中央有关部门的负责同志以及各方面的专家来校作“形势、国情、政策”的报告。中央党校坚持理论联系实际的原则，实行“实事求是”的校训。教学中坚持使用以自学原著为主和加强研讨的方法，坚持联系国内大局和国际大局深化理论学习的方法，坚持结合个人工作实际和思想实际促进主观世界改造的方法。

国家行政学院——国家行政学院在干部培养方面主要是负责培养高中级公务员、高层次的管理人员和政策研究人才。承担对政府系统部分省部级、司局级和处级公务员的培训；承担对部分优秀中青年司局级、处级公务员的培训。

干部学院——井冈山和延安是我国共产主义革命的发源地，宝贵的历史资源是这两所学院乃至全党的非物质遗产，在中共中央的指导思想下面对全国的党员干部，使其成为全国各级领导干部的“加油站”。浦东干部学院以自身的地理位置和思想定位，为我国的各级领导干部打开了通往时代前沿的通道，使干部培训工作与时俱进，放眼国际。

第二种途径，地方高校途径。

高校的性质决定了其具有知识的专业性和前沿性的优势，为提高领导干部执政能力、解决复杂问题提供了强大的思想武器。高校充分发挥自身特色，通过提高干部的理论应用水平来达到培训的目的。同时高校具有特殊的国际化交流与教学平台，能够为社会发展中遇到的新问题、新挑战提供新方法。

第三种途径，国外机构途径。

随着全球一体化的快速发展，学习和借鉴先进的管理方式和理念越来越重要。党政领导干部出国培训，目的就是要开阔视野，借鉴国外发达国家先进的科学技术，促进我国生产力的发展；借鉴国外文明成果，促进我国先进文化的建设。

在重视干部教育培训工作的形势下，在各方培训机构的参与下，领导干部在不同的成长阶段受到了不同培训模式的影响，不同的培训模式对于领导干部的成长更是具有不同的效果和作用。

教育培训从培训内容划分，大体可以分为技能培训、应试培训、专业培训、管理培训等四大类。技能培训主要为语言、计算机、艺术美术等通用类技能；应试培训主要为各类升学考试、公务员考试、资格证书考试等应试类知识；专业培训主要为建设、交通、环保等应用性较强的专业学科知识培训；管理培训主要为项目管理、经济管理、公共管理等社会管理知识。

以清华大学为例，通过对清华大学往年教育培训班次和内容的统计，我们可以看到技能类培训和管理类培训为目前教育培训的主体。技能类培训的市场较为成熟，也有不少专门机构在从事相关领域的培训，如新东方的英语培训、青鸟的计算机培训、华图的公务员考前培训等。管理类培训主要为经济管理和公共管理两类，由于经济和社会的快速发展，管理类的需求较为强烈，而大学作为前沿知识的生产者，在此类培训中具有无可替代的位置。尤其是在管理类的高端培训方面，清华大学从课程设置、师资配备、教学组织、培训对象等方面都具有较为明显的优势。

在当今社会，通过参加一定的教育培训，提升自身和组织能力，已经成为包括企业和政府在内的管理者的共识。

组织单位在高校的选择过程中存在的问题

目前干部培训基本遵循以下模式：第一步，组织部门确立培训目标，选择承办单位；第二步，承办单位管理人员制订培训方案，和组织部门沟通确认；第三步，按照培训方案选择师资和课程，具体教学实施；第四步，学员根据师资的教学内容，进行学习和思考。这样一个看似非常普通的运行模式下，隐藏着很多的问题。

首先，组织部门在这样的模式下不免要犯“隔山买牛”的错误。虽然培训目标明确，但是由于没有很好的培训评估体系，组织部门很难分辨机构是否具有落实组织培训目标的能力，只能借助一些附加的特征来分辨。聪明一些的组织部门根据学校的知名度和美誉度来选择承办单位，或者直接按照师资的知名度来设计班次；还有一些单位将工程建设中的招投标方法搬过来，多家机构根据内容和价格来竞争，最终被价格因素所主导，浪费了干部的时间和金钱，却没有达到培训的目标。要知道，干部培训作为一种知识产品，是很难通过价格来衡量的，看世界各国的干部培训采购，几乎很少有采取招投标方式来进行的，作为市场经济为主导的西方国家，不是他们不会操作或是想不到采取招投标的方式来选择培训机构，而是这根本就不是一个好办法。

然后，就像是一种错误的传染或是传递，在组织部门确定承办单位后，又轮到承办单位——高校要犯“武大郎开店”的错误了。虽然高校不乏专家教授，但是如大家所知，真正来组织实施具体项目的却是高校培训管理人员。这些管理人员大多数由于事业编制的限制，更多的是采取合同制的方式聘用，因此无论是整体素质还是业务能力都只能碰运气。就像是很多我们的研究报告或者设计规划，无论前面摆了多少个知名人士，真正最终执笔操刀的只不过是个无名之辈。这些培训管理人员具体进行培训项目的设置和实施工作，他们的专业水准和价值偏好决定了一个班次的质量。如果是一个程序相对规范、需求调研和教学评估齐全的培训机构，并且该培训项目有一定的延续性，那么在各种因素的影响下，这一项目的培训质量相对是可以保障的；但是大多数情况是相反的，没有调研和评估，班次也是一次性的，结果培训就是人种天收、凭天由命。

依次而来，教师按照计划来授课，“鱼目混珠” 的问题就出现了。由于干部培训工作目前并没有纳入到教师的教学科研任务，很多师资还是将此项工作作为一项副业，干得了就干，干不了就推。很多师资是将给本科生、研究生的课程浓缩一下就拿来使用到干部培训中，缺乏针对性和实效性；还有一些师资更是将一些段子甚至是小道消息大量的使用到课堂上，非常的不严肃。由于缺乏研究和投入，使得干部培训的师资数量和质量得不到应有的保障，基本上属于一种“鱼目混珠”的使用方式。

同时也存在着另外一种情况，有部分师资凭借其较好的教学评价与紧缺的知识领域，在培训实施中漫天要价，某香港教师一次授课费用就是十几万元人民币。而有些组织单位为了寻求影响力也“慷慨解囊”，大量的挤占了有限的干部培训经费。

最后，在学员学习的过程中，容易犯的错误是“盲人摸象”。由于长时间缺少高层次的培训机会，很多学员已经习惯了传统地方党校低水准的教学水平，所以在参加培训中很容易被个别培训师资和课程所吸引，而忽视了培训的整体目标。有些学员津津乐道某些时髦的只言片语，有些学员兴奋点在于见到了某个学界或政界名人，很多时候只是“盲人摸象”，摸到什么都很兴奋，只不过离组织的培训目标已经相隔十万八千里了。

培训工作最终是为干部实践服务的，如果在培训工作中只见树木不见森林，那必然是舍本逐末。干部培训最终要体现在工作能力的提高上，因此学习能力和学习方法，理论和实践相结合，并将理论正确地指导实践才是学习的终极目标。“盲人摸象”是培训浮躁的一种表现，也是对培训工作最大的伤害。

组织选择中的“隔山买牛”，高校承办中的“武大郎开店”，师资教学中的“鱼目混珠”，学员学习中的“盲人摸象”，这四大问题已经成为制约干部培训的新障碍，必须要采取一定的措施来消除和克服，否则将极大地影响干部培训目标的实现。

■ 组织单位就高校选择过程中存在问题的解决方法

针对组织如何选择培训机构的问题，以中央组织部为代表的决策层采取了一系列具体办法。其中包括选择 13 所高校作为干部培训基地，建立起高校和组织部门的长期联系和组织体系；采取自主选学的方式，将举办权和组织权分离，由学员自行选择教学实施单位和课程；积极推动网络课程资源建设，利用现代信息技术实现优秀教育资源的最大化利用；加强干部培训的研究力量和力度，使干部培训更加科学化，等等。这些措施如果能够顺利实施，必然会很好地消除知识产品信息不对称问题，推动高品质培训产品的生产和传播。

地方各级政府和组织部门也在采取一些方式来避免“隔山买牛”的弊端。其中包括签署省校或市校合作协议，使干部培训纳入到技术转化、人才培养、人才引进等一系列全面合作中，使高校有更多人来关心和研究当地经济的发展。譬如清华大学公共管理培训中心正在推进的“城市档案”工作，就是将一个城市作为一个整体研究目标，选择成立专家团队，有针对性地研究和开发课程，全面推进一个城市的干部培训工作。还有一些地方将一个培训内容长期化，通过长期合作，相互磨合和理解，推动培训的针对性和实效性，譬如我们和绍兴市的干部培训“研究型培训”课程班，已经举办了8年，教学效果不断得到提高。

针对培训管理者自身素质问题，解决起来相对比较复杂。一方面这些管理人员往往不是教师身份，受限于事业单位编制问题，每个学校都有不同的政策，但是总体是非常严格的。譬如清华大学，其事业单位行政人员编制原则上不超过教师编制的 1/10。在身份认同感比较强的中国，如果没有一个正式的编制，很多优秀人才便很难稳定下来，而有一些出于政策考虑进入行政编制的人员又需要安排岗位，所以出现“武大郎开店”的情况就不足为奇了。解决这一问题的关键是要消除高校事业单位双轨制，统一进行人员聘用，同时考虑到培训工作的特殊性，也要慎用劳动法中的无固定期限合同，避免回到党校行政学院的用人模式。

另一方面，要积极采取制度创新，将专家引入到课程设计中来。清华大学公共管理培训中心一直采用“首席教授”制度，由管理人员和专家一起设计课程，管理人员提供组织需求和其他辅助条件，专家设计课程、组织师资实施。通过首席教授制度，每个专题模块的系统性和逻辑性得到了保障，师资间的课程边界进行了划分，不会出现同一专题下不同师资反复就同一问题进行阐述的情况，也不会出现某一模块的重大遗漏。

面对“鱼目混珠”的问题，需要组织部门和高校的共同努力。从组织部门而言，要把干部培训目标为组织中心任务服务放在首位，摒弃图虚名、重形式的办学思想，将哗众取宠的昂贵师资排除在系统之外，将有限的干部培训经费用到扎扎实实地培训中来。同时要加大干部培训经费投入，促进干部培训的可持续发展，尤其要慎用招投标方式选择培训机构，避免进行质低价廉的干部培训服务。作为干部培训领域的资深从业人员，本人深知干部培训的运行机制，很多培训机构采取低价的方式获得组织部门的采购，然后通过更换授课师资、合并其他培训班次、降低综合服务水平、虚拟师资背景等方式来降低成本，同时也降低了培训质量。作为组织部门，应该认识到一定的培训经费是干部培训质量的基本保障，而承办单位也要通过各种方式将培训经费用到实处。

中央组织部选择确定了13所高校基地之后，部分省份和地方组织部门采取了邀请这些高校参加干部培训的投标工作，效果不是很理想。有些省份就办了一次，有些省份现场签约只是形式，甚至有些协议根本就没有得到落实。有个省份说他们委托了在清华大学举办干部培训班，但是班次举办完了，竟然不知道具体是清华哪个单位在举办。可以想象，这样的活动不会真正促进干部培训的发展和进步，只能导致形式主义和敷衍了事的办班做法。

干部培训的最终目标是使用，“盲人摸象”的学习方式使所有的努力都打了折扣。我们的做法是，在开学之初，首先要向学员介绍整体的学习计划和培训目标，使学员对本次培训有一个全面地认识。在教学过程中，希望教师能够按照先总体介绍课程体系，后讲授重点内容，再进行前沿展望，最后联系实践应用的方式来进行授课，务必使学员做到心中有数。在教学配合上，我们会提前给学员每周的授课计划，同时根据课程进度提前提供课程讲义供大家预习。

■ 高校在世界先进干部培训模式中的定位

根据我们对于世界先进干部培训模式的定义和描述，高校在其中的定位体现在各个环节之中。

一个目标：如前所述，我国的干部教育培训一直是服务于党和国家建设的中心任务，服务于组织目标的实现。高校充分利用其研究能力和学科交叉的特点，通过分析研究组织目标下的干部培训目标实现路径，实现学习型城市、学习型社会乃至学习型政党的建设，为实现组织目标提供具体的实施方案。

在新的历史时期，我党的执政能力关系到国家的长期发展稳定，高校通过新知识、新信息、新技能的培训，全面提升了领导干部综合能力和素质，进而提升了各级组织的执政能力，为干部培训的最高目标实现发挥了重要作用。

两个途径：除了传统的一校五院主途径之外，高校作为干部培训辅助渠道提供各种层次类型的干部培训实施工作，通过主办面授班次、提供师资课程、制作网络课程、整合国际资源等多种形式参与干部培训，保持干部培训的前沿性和吸引力，形成大规模培训干部的资源储备，并有效地提高了干部培训的投入产出。

三种方式：是指提供研究型培训的师资方法，整合国际化培训资源，实现现代信息技术的在线培训。中国特殊的发展阶段和领导干部所肩负的历史使命，决定了干部培训必须要理论联系实际，“带着问题来，带着成果走”的研究型培训是培训的必然选择。高校对于知识创新和吸收的能力决定了其具有整合国际资源的能力，而这种能力是单纯的组织和人事部门所不具备的，依托高校进行国际合作，是进行国际培训的最优选择。中国的领导干部广义上讲有几千万人，而干部培训经费是非常有限的，只有通过利用现代信息技术，才能真正实现大规模培训干部的目标，否则是很难实现的。

四大支撑：世界先进的干部培训体系需要研究创新、师资课程、法律政策、财政资金等四大支撑，高校可以为这些支撑发挥独特的作用。一是师资课程资源的支撑平台，传统的一校五院的师资体系不可能提供世界先进干部培训模式中全部的师资需求，在某些领域，甚至高校师资承担了主要任务；二是研究创新的支撑平台，高校是知识生产的主要机构，也是新的教学内容和教学方法的原创之地，相比较其他培训机构，高校更加注重对前沿问题的研究创新，能够提供更有前瞻性的知识；三是高校的参与极大地提高了干部培训的投入产出率，使有限的干部培训经费得到了更好地利用。

以清华大学为例，清华大学的教育培训定位应该区分不同内容，技能类的培训知识体系相对稳定，师资来源相对广泛，市场化程度较为完善，应该走企业化、规模化的道路，创造出属于自身的教育品牌。管理类培训要依托清华大学的教学科研优势，走高层次、高标准的道路，将教学科研与教育培训、知识生产与知识传播、学位教育和非学位培训结合起来，发挥大学的社会引领作用。

■ 高校在干部培训中的作用

回顾进入21世纪的干部培训，可以肯定地说，正是高等院校的加入为干部教育培训提供了活力，为干部教育培训储备了师资，为干部教育培训创新了教学方法，为干部教育培训重新赢得了广大干部的信任和兴趣。

高等院校从 21 世纪初开始大规模地开展干部培训工作，在此之前，高等院校已经在经济管理培训中积累了大量的宝贵经验。在进行经济管理培训中，高等院校采取缩短学制、精选课程、浓缩重点、强化实践的方式，很快赢得了企业家和职业经理人的信任。通过对这些群体的培训，我国的经济管理知识水平得到了快速的提高，为提高我国企业管理水平，提高产品质量，促进产业升级，提供了软实力的保障。

> 封建社会或重农轻商，或重学文轻贸易，岂不知经济的发达才是国家走向富强的开始，理应用知识与科学为经济富国之路保驾护航。

随着我国第一所公共管理学院——清华大学公共管理学院2000年的成立，标志着教育领域对公共管理队伍人才培养达成了共识。在成立之初，清华大学公共管理学院首任院长陈清泰指出，公共管理学院不但要培养硕士生、博士生，而且要面向广大干部群体，对他们进行公共管理知识的培训，尽快提高我国领导干部素质和水平。这一理念无疑是非常超前的，陈院长已经看到在新的历史时期，党和政府在执政过程中将面临着更加复杂和具有挑战性的局面。

从建院之初开始，公共管理学院成为高校干部培训领域的探索者和领路人。首先是突破传统的学科限制，将知识点的实践应用设计成为一门独立课程，而不是照搬学位教育的理论体系；而后是突破传统的院系限制，将不同院系甚至不同高校的师资组织起来，共同为一个培训项目服务——变有什么讲什么为需要听什么讲什么的授课方式。一开始还是以研究生进修班为主，逐步发展为完全的非学位非学历的培训模式，干部培训终于像一个孕育已久的蚕蛹，破茧而出。

高校的干部培训充分发挥多学科交叉的优势，树立大公共管理理念，以公共管理理念为核心，整合经济、人文、传媒、建设、科技、卫生等各学科领域为干部培训提供综合的理论和实践武器。仅公共管理学院培训中心师资库就有一千多名优秀师资，2011 年参与干部培训的师资超过 400 人，作为一个优质教育资源整合平台，我们对这些师资进行了详细地分析和分类，以更好地服务于我们的培训目标，这在传统的干部培训过程中是不可想象的。在原有的培训体系和途径中，这些人并非不可以去授课，而是没有人认识到他们的价值，同时他们也没有对干部教育培训有着如此深刻的认识，没有为干部培训精心准备专门的教程；而高校的介入，使这一切变成了一件水到渠成的事情，这不能不说是高校在干部培训中立下的一件大功。

干部培训作为一项教育活动，其核心就是知识的创造和传播，高校凭借知识创造和资源整合优势为干部教育培训提供了大量的课程和师资。“问渠焉得清如许，为有源头活水来”——干部培训有了高校的参与，使教学内容得到了显著的提高，从而提升了干部教育培训的整体质量。

在干部培训中，我们充分发挥高校研究人员密集、课题众多的优势，创新形成了服务型培训、研究型培训、国际化培训、立体化培训等一系列适合中国干部队伍和管理体系的培训方式，丰富了干部培训的实践和内涵，有效地提高了培训的效果和效益。

通过诙谐的语言、生动的案例、积极的互动，干部培训在高校的课堂变得有吸引力了。很多组织部门反映，原来是不愿出来学，现在是争着学、抢着学，学了一次不够还要继续学。从教学效果来看，主动学和被动学的效果有天壤之别，领导干部有了学习的兴趣和动力，我们的培训就有了保障。

综合而言，高校在干部教育培训中起着师资培养、课程创新、知识整合、教学改进等作用。这些作用在具体的干部培训中起着关键性的作用，为提高干部培训实践性和前沿性发挥了重要作用。

■ 如何选择高校进行干部培训

很多组织部门的同志和我聊起来，总是说以前不知道怎么来选择高校进行干部培训，更不知道和谁联系比较放心。这个问题前几年可能比较麻烦，现在其实很简单。中组部2009年确定了13所干部教育培训高校基地，这些基地的名单已经发放到各级组织部门（见附1），有需求只要按图索骥即可。当然，这13所高校在干部培训领域的经验和实力有所不同，这些高校基地更多是根据中国的地域特点来确定的，而不是依据教学实力来确定的。

进行高校干部培训的第一步是选择适合自己的高校。选择高校主要看两个因素：目标和价格。在经济允许的情况下，可以选择清华、北大等高校来举办的高层次、国际化、前沿性较强的培训班。这些高校师资力量强，办班经验丰富，在培训目标的指引下，不但能够选择本校师资，还可以整合其他高校、政府乃至国际师资力量，培训质量相对有保障。对于较为成熟的培训专题，可以选择就近的本地高校举办，本地高校对本地的培训项目相对重视，课程更有针对性，价格相对合理。

选择好高校，第二步是确定具体的培训机构。有的组织部门可能奇怪，选择好高校不就万事大吉了吗？为什么还要确定培训机构？事实上，大多数的高校都有不止一个培训部门。以清华大学为例，学校设有教育培训处，统一管理全校的培训工作，但是不进行直接的培训课程落实。培训的具体工作分为各职能学院和继续教育学院两部分，各职能学院如公共管理学院负责干部培训工作，经济管理学院负责企业家培训，而继续教育学院没有确定的培训指向，只要有市场需求就可以开设相关培训。因此在选择完高校之后，有必要根据组织培训目标进一步确定培训机构。

确定好培训机构以后进行培训方案设计。培训方案设计关系到培训的成败，必须要多下工夫。一般的培训方案设计要遵循如下步骤：

① 确定培训目标，进行学员需求调研。如果有可能，最好请培训机构先给一个预培训方案，在此基础上，请学员进行选择和判断。

② 根据培训目标和学员需求请培训机构设计方案。方案设计最好有具有专业经验的专家教授参与，尤其要注意各课程之间的边界设置，避免知识点的遗漏和重复。

③ 确定和落实方案。方案设计完毕之后，一定要确定部分候选课程和师资，避免特殊事件的发生，造成培训时间的延误和浪费。

④ 落实后勤安排。好的培训是一个系统工程，没有妥善的前期后勤接待，就无法保证后期的培训工作正常运行。尤其是著名高校，校园内的住宿比较紧张，一定要提前落实。

⑤ 签订合作协议。合作协议是培训内容和质量的保障，一定要明确双方责任义务，避免出现不愉快的情况（见附2）。

■ 高校干部培训实施中应注意的问题

高校培训师资选择中是不是职称越高越好？并非如此！教师的职称并不能代表讲课水平，也不能完全代表研究能力，更多的只是证明在学校待的时间比较长而已。有很多年轻的教师，具有更好的国际视野，更强的表达能力，

> 授业者必先有丰富的知识为底蕴，后以有传播知识的能力为支撑，方称教师。

更能够传递最新的前沿知识。

高校培训师资选择中是不是名气越大越好？培训选择名气大的师资是一个典型的误区，教师的名气往往是在研究领域形成的，这些教师的授课往往刻板、使人缺乏兴趣。另外还有一类教师，虽然讲得比较有吸引力，但是却缺乏逻辑证明，更多是听的时候妙语连珠，回味的时候却收获甚少。

高校培训是不是价格越低越好？很多组织部门由于经费有限，或是选择价格低的机构，或是采取招投标方式选择机构来降低投入。其实在师资市场化的前提下，优秀的师资成本决定了优质项目必然优价，如果降低培训投入，培训质量是很难得到保障的。

高校干部培训的时间该如何确定？从目前的情况来看，从一周到一年的培训都有，但是主体是一个月左右。如果是全面提升领导干部素质，建议每个班次不低于一个月，但是如果是专题培训，一到两周也可以达到培训预设的目标。

在高校从事干部培训十几年了，我深刻感到高校在干部培训中起着不可替代的作用。现代大学主要承担人才培养、科学研究和社会服务的任务，而教育培训正是这三大任务的良好结合。将大学最新的知识生产和科学研究成果通过教育培训的方式进行传播，能够及时有效的发挥大学的社会服务功能，并通过这一过程使大学有更加明确的发展方向。

附1：13所干部教育培训高校基地名单

附2：协议模板

附 1：13 所干部教育培训高校基地名单

北京大学

清华大学

中国人民大学

北京师范大学

复旦大学

西安交通大学

哈尔滨工业大学

浙江大学

南京大学

四川大学

南开大学

武汉大学

中山大学

附 2：协议模板

委托培训合同

甲方：＿＿＿＿＿＿＿＿＿＿＿＿＿＿＿＿

乙方：＿＿＿＿＿＿＿＿＿＿＿＿＿＿＿＿

甲乙双方经友好协商，就甲方委托乙方举办教育培训项目事宜，达成协议如下：

一、培训内容

1. 甲方委托乙方的培训项目为：＿＿＿＿＿＿＿＿＿＿，立项号为＿＿＿＿＿＿＿＿＿＿

本项目为非学历、非学位性质，所学课程及成绩与学历学位无关。

2. 培训时间：＿＿＿＿＿＿＿＿＿＿＿＿＿＿＿＿＿＿＿＿

3. 培训方式：在＿＿＿＿＿＿＿＿＿＿＿＿＿＿＿集中面授学习

4. 培训对象：＿＿＿＿＿＿＿＿＿＿＿＿＿＿＿＿

5. 学习认证：学员完成全部课程学习，并经考核合格后，由××大学教育培训管理处统一颁发教育培训结业证书，证书须标明主办单位名称及项目名称，证书编号可登录××大学教育培训与认证网站查询，证书中加盖“××大学教育培训证书专用章”钢印、乙方公章和××大学教育培训管理处公章。

6. 课程安排：由双方协商确定。乙方可根据实际需要，与甲方共同协商对课程做部分调整。

二、培训费用及支付方式

1. 本项目的培训费用标准为：

□ ______元/人，大写为人民币______；______元/班，大写为人民币______。

本项目的培训费主要用于课程研发费、授课费、教学管理费、教学场地设备使用费、教材资料费、讲义制作费、证书制作费等，不包含学员的食宿交通费用。学员培训期间的食宿交通费用由甲方或甲方学员自理，乙方协助安排。

2. 支付培训费及开具发票方式如下：

甲方应于开课前___个工作日，将全部培训费用汇入乙方账户（本协议二、3 条所述），乙方为甲方开具发票。

3. 汇款信息：

收款单位：××大学（059）

账　　号：

开 户 行：

附言/用途：______________________

三、甲方的权利和义务

1. 负责选派学习人员，并组织学员按照协议规定时间报到入学。甲方应于开课前___个工作日向乙方提供培训学员名单及相关信息，学员资质须经乙方审核。审核通过后甲方不得擅自变更学员名单。

2. 甲方应组织成立班委会，协助乙方做好学员学习期间的教学管理工作，并负责学员的日常生活管理，确保学员遵守教学秩序和乙方的各项管理制度。

3. 积极配合乙方的教学评估和质量监督工作。

4. 若甲方不能按照约定时间组织学员入学，最迟应于预定开班之日的半个月之前通知乙方，以便乙方及时调整教学安排。

5. 尊重乙方的知识产权。未经乙方及授课教师书面许可，甲方及学员不得对教学内容进行录音、录像，未经乙方同意，不得对乙方提供的讲义及其他未公开出版的教学资料进行复制或传播。

6. 确保甲方或学员按时足额支付培训费用。

7. 甲方不得以乙方或××大学的名义向学员收取本协议约定培训费以外的任何其他费用。

四、乙方的权利和义务

1. 按照双方商定的培训内容制订教学计划，组织开展教学。

2. 向学员发放必备的教材和讲义，并遴选校内外具有丰富教学和实践经验的优秀教师授课。

3. 收取培训费用，并及时开具发票。

4. 乙方拥有本项目相关的各类知识产权，其范围包括但不限于：

（1）课程体系设置；

（2）各门课程的教学内容；

（3）未公开出版的教学资料，如讲义、课件、数据等，包括文字及电子版本资料、音像资料等形式；

（4）教师授课、答疑的录音、录像等。

五、合同期限及终止

1. 本协议自双方授权代表签字并加盖公章，并经××大学教育培训管理处加盖“××大学合同专用章（教育培训）”之日起生效，培训结束后，协议终止。

2. 本次培训如遇不可抗拒事由，可延期举办，具体时间由双方协商确定。

但如截至__________仍然未能开班，本协议自动终止。

六、其他约定

1. 本协议未尽事宜，由双方友好协商解决。协商不成的，提交仲裁委员会仲裁。

2. 本协议一式四份，双方各执两份，具有同等效力。

3. 若本协议约定课程结束后，甲乙双方希望继续合作，须重新签订合作协议，并经××大学教育培训管理处加盖

"××大学合同专用章（教育培训）"。

甲方：________________	乙方：××大学
授权代表签字：	授权代表签字：
（公章）	（公章）
年　月　日	年　月　日

第五章

高校干部培训实例分析

2004年，我开始负责培训中心的工作，在充分研究和调查干部培训工作历史和现状的基础上，如何尽快打开局面，将高校的教育资源融入到干部教育培训体系中去，是我面临的艰巨挑战。

当时的公共管理学院还暂时在清华大学明理楼法学院的五层办公，办公室很少，主要是教室；师资规模不是很大，作为非学位教育的培训中心，起步条件可想而知。如何在当时的条件下发挥普通高校特点，在党校、行政学院体系之外做好干部培训工作，是一个需要认真思考的问题。虽然《公务员法》第六十条规定："机关根据公务员工作职责的要求和提高公务员素质的需要，对公务员进行分级分类培训。国家建立专门的公务员培训机构。机关根据需要也可以委托其他培训机构承担公务员培训任务。"但是，当时在高校进行干部教育培训还没有得到广泛的认可。直到2006年的《干部教育培训工作条例（试行）》在干部培训途径选择上规定："党校、行政学院和干部学院应当突出办学特色，按照职能分工开展干部教育培训工作。部门和行业的干部教育培训机构，应当按照各自职责，做好本部门和本行业的干部教育培训工作。高等学校、科研院所可以发挥自身优势，承担相关的干部教育培训任务。干部教育培训管理部门可以委托符合条件的社会培训机构和境外培训机构承担干部培训项目。各类干部教育培训机构应当加强国内外交流与合作，通过联合办学等方式，促进干部教育培训资源的优化配置。”这才算是给了高校一个名分。在2009年，中组部确定13所普通高校为干部培训高校基地，更进一步明确了高校的定位，但是在2004年这些还很难达成共识。

在分析了面临的现实需求和教育资源状况之后，培训中心在2004年确立了“服务型培训”的理念和方式，决定从服务入手，打开高校从事干部教育培训的大门。这时的“服务型培训”既是高校职能中服务社会的服务，也是将服务理念引入到干部培训中的服务。

随着中国经济社会的快速发展，各种新情况、新问题层出不穷，中国的干部队伍从上到下开始了史无前例的教育培训工作。这些教育培训已经不仅仅限于对于党的历史和政策的学习，而是面向经济社会发展的方方面面，尤其是“科学发展观”等决策的推出，更进一步推动了各级干部学习前沿知识、应用前沿知识的热情。在这样的背景下，党校和行政学院的师资和课程面临着巨大的挑战，将党的方针和政策如何转换为干部的知识和能力，不是在原有师资体系基础上一夜能够更新的。高等院校，尤其是清华大学等多学科交叉的综合型大学，无疑是具有特殊价值的，也是责无旁贷的。在培训内容上，培训中心一改党校和行政学院课程师资相对固定、知识相对老化、教学手段相对单一的问题，将组织部门和干部的学习需求放在第一位，按需编排课程和师资；在培训方式上，培训中心根据对部分干部需求的调查，请授课教师尽可能采取案例式教学，并提出基本授课内容的五个要点：

① 讲授课程的关键知识点，使学员对所学课程有一个总体概括；

② 讲授课程理论体系和框架，使学员了解课程的重点；

③ 讲授该领域中外发展和实践的异同，使学员建立国际化视野；

④ 讲授该领域的前沿发展和趋势，使学员站在理论的前沿；

⑤ 最后尽可能结合实际进行案例分析，增强学员对于课程的实践性理解。

通过这样的一种授课安排，使学员无论在学习初期还是在学习过程中，能够随时了解和掌握学习的重点，做到学习放到重点上，重点落到实际上，而不是云里雾里的听一堆名词作罢。当然，这些要求很难在每一门课程里得到落实，但是有这样一个指引性的意见，对于教师的备课和讲授起到了提示作用。

同时，作为服务型培训的一部分，下大力气在教学和后勤服务上。将学员的食宿安排、交通接待、开学结业、课堂参观等一系列工作标准化，制定了完善的项目主任（班主任）负责制制度。从经济管理学院和社会聘用了一批经验丰富、责任心强的工作人员，使各项制度和流程落到了实处。

服务型培训实例分析

不求人人为“华佗”“扁鹊”，但求日日不忘医者仁心。

2004年，北京市卫生局提出和我们共同培训全市的医院管理人员。学院非常重视，薛澜常务副院长和其他几位院领导都参加了和卫生局长的洽谈，培训中心也安排刚从哈佛公共卫生学院回来不久的一位同事，汇合学院的老师，一同设计了清华大学—北京市卫生局合作方案。方案根据培训目标的不同划分了长期培训项目和短期培训项目，在每个项目中设置了必选和自选课程，主要基于在提升医院管理水平和效率的目标下，医院管理者应该掌握的公共管理、经济管理和医院管理等方面的知识。初步设想是学员可以根据自己的需要进行课程选择，通过提高学员的综合素质来实现组织整体提升的目标。这个方案的课程和师资汇集了国际经验和当时国内医院改革的前沿知识，也涵盖了公共管理和经济管理在医院管理实践上的应用，应该是非常全面的。如果单纯从课程来看，可能很多内容现在看来都是非常平常的，但是从当时的设计理念和流程来讲，无疑是一个创举。

● **背景介绍**

为贯彻落实中央提出的关于大规模培训干部、大幅度提高干部素质的要求，为实现北京率先基本实现现代化和建设“新北京、新奥运”的战略目标，围绕为建设国内领先、国际一流的首都公共卫生体系提供人才保证和智力支持的目的，北京市卫生局与清华大学公共管理学院决定进行卫生管理干部培训项目的合作，共同举办卫生管理高级研修班。坚持缺什么补什么的原则，有计划地、系统地培养一支具有较高马克思主义理论素养和开拓精神，懂经营、会管理，具有世界眼光、能够参与国际竞争的职业化、复合型的卫生管理干部队伍。

卫生管理高级研修班是面向医院中高层管理者的专业化医院管理课程，在课程内容设计上参考了国内现有医院领导培训的经验，博采众家之长，并突出自己的优势，使学员在医院财务、人力资源、质量控制与评估、运营及市场定位等方面具备国际化的先进管理理念和技能。同时该课程还安排高水平的医疗管理论坛和研讨会，以及考察和调研，为医院管理者总结和借鉴国内外成功的管理模式和经验提供有利的渠道。

● **招生对象**

北京市委卫生工委、市卫生局机关及所属单位、各区县卫生局处级干部及后备干部。

● **研修课程及学时**

课程总计 300 学时，其中核心课程 240 学时，专题讲座 40 学时，参观考察 20 学时。

半脱产形式授课，常规课程上课时间为每月最后一周，连续 6 个月，周三至周日全天上课。上午 9:00—12:00，下午 1:30—4:30。

● **课程体系**

课程共分 A、B、C 三个类别。

A. 医院内部管理的工具

管理会计知识和技能

医院成本分析和财务管理

医院人力资源管理

医院高层管理人员的领导力建设

执行力相关课程

法律相关课程

B. 基础理论和政策分析

管理经济学基础理论

医疗政策和市场分析

医疗保险和医院经营

管理医疗与医院经营

卫生领域里的改革和挑战

C. 医院宏观战略管理

健康与发展

医院投融资体制改革和资本运作

医院营销管理与市场定位

医院战略管理

针对突发性公共卫生事件的危机管理

现代国民卫生体系与人本管理

医疗系统内部科教相关课程

有关医疗卫生、医疗保险及医院改革

医院文化和形象设计

21 世纪宗教信仰

心理学专题

这个方案得到了北京卫生局领导的高度认可，认为像这样的课程每一个医院管理者都应该学，甚至要“持证上岗”。在后来的操作实施过程中，课程没有设置选修课，因为从卫生局的角度来看，作为一个知识体系，设置的课程每一个管理者都需要学，不能因为个人的偏好影响整体的培训目标。

服务型培训不单纯是提供好的后勤和教学服务，而是基于培训目标的服务，也就是在培训过程中以提高培训单位组织能力提升为最高目标。在服务性培训中，我们基于以下流程：

① 培训单位的功能和目标研究确认。不同区域和领域的发展阶段是不同的，因此受培训单位有着不同的功能和目标，培训要从这些功能和目标入手，才能够抓住培训的实质，真正实现培训为组织目标服务。

② 培训单位的培训需求调研确认。干部培训是服务于组织中心任务的，培训方案除了要获得领导的认可之外，

受训学员也不可忽视，这将有利于培训效果的实现。

③ 培训课程和师资方案设计与沟通。任何美好的愿望总是要在一定的现实条件下实现的，尤其是知识类产品，仅有好的课程，没有好的师资，方案就是镜花水月，培训方案一定要具有可实现性。

④ 培训方案确认和筹备。在方案得到各方认可之后，承办单位要根据方案进行资源筹备，落实师资、教师、后勤、管理、评估等一系列问题。

⑤ 培训工作实施和调整。方案实施中存在着各种突发情况，承办单位和组织者一定要密切合作，做好各种预案，使调整工作成为一种正常的教学过程的一部分。

⑥ 培训评估和跟踪。没有评估就没有标准，没有跟踪就没有提高，不断地进行评估和跟踪，是改进培训内容和方法的必经之路。

在服务型培训中，我们采取流程式管理，对于主要事项进行标准化处理，以下是部分模板要求：

附件 1：　教育培训立项表模板

附件 2：　项目方案模版

附件 3：　项目预算表模版

附件 4：　项目分配表模版

附件 5：　教师授课邀请函模版

附件 6：　教师授课确认函模版

附件 7：　课表模板

附件 8：　排课须知

附件 9：　师资联系表

附件 10：参观考察信息

附件 11：给授课老师的学员名单模版

附件 12：项目相关人员联系表模版

附件 13：入学通知模版

附件 14：住宿名单模版

附件 15：公寓住宿申请表

附件 16：办理餐卡名单模版

附件 17：项目所需物品清单

附件 18：入学后日程安排模版

附件 19：入学注意事项模版

附件 20：学员证模版

附件 21：桌签模版

附件 22：讲义夹

附件 23：报到任务分工表及所需物品清单模板

附件 24：学院大屏幕 PPT 模版

附件 25：大客车（19 座以上）进出校园审批单

附件 26：开学与结业典礼议程格式标准

附件 27：开学典礼议程模版

附件 28：邀请校领导发文要求说明

附件 29：开学典礼 PPT 模版

附件 30：会议主席台座次安排说明

附件 31：住宿担保书

附件 32：签模板

附件 33：课堂纪律

附件 34：网络办理说明

附件 35：学员登记表模版

附件 36：办理校图书馆借书证说明

附件 37：热身课 PPT 模版

附件 38：部分师资介绍

附件 39：考勤表模版

附件 40：评估表模版

附件 41：课酬模版

附件 42：论文格式要求

附件 43：结业典礼议程模板

附件 44：讲话稿模版（开学、结业）

附件 45：结业证书制作说明及注意事项

附件 46：结业典礼 PPT 模版

附件 47：结业鉴定表模版（学院盖章）

附件 48：项目决算表模板

附件 49：归档资料清单

附件 50：评估汇总表

附件 51：项目总结报告模板

这些模板使琐碎而个性化的服务工作标准化、流程化，提高了服务质量，改善了学员的学习环境和氛围，促进了干部培训质量。

研究型培训实例

在服务型培训获得了组织部门的信任和支持之后，如何充分发挥高校在干部培训中的作用、突出高校自身特点，成为培训中心的一个重要课题。在培训实践中，我们找到了这样一个突破口，那就是研究型培训。

研究型培训就是将研究贯穿于干部培训的始终，从培训主题选择到课程设计，从师资的讲授方式到学员的学习方式，都是将研究作为主要的培训方式。之所以形成研究型培训的思路，很大程度上是在对国内外培训理论和方式综合研究的基础上，结合中国的具体国情提出的。因为无论是学习型组织建设，还是行动学习法，都需要具体指标体系的建设，但是很多指标在政府考核那里都是一票否决制，根本不存在所谓改进的空间。而研究型培训不必设置面面俱到的指标体系，只针对实践中存在的现实重大问题进行设计、研究即可，从中寻找到对于问题的解决方法。从2005年开始，有两个重要的项目推动了研究型培训的形成，一个是济南市委组织部的双高双强班，另一个是绍兴市委组织部领导干部公共管理高级研修班。

案例1

2005年春天，我和济南市委组织部干教处李国纲处长洽谈如何办好济南班，当时李处长已经有了一些想法，我的设想主要是如何能够最大程度发挥高校特点，使学员不但要学习到公共管理知识，更要形成用理论解决实际问题的能力。经过多次探讨，我们终于形成了一个富有特色的培训方案，这个方案连续实施了四年，每年一期。学习时间一开始的时候是十个月，后来压缩到半年，学习强度之大，要求之高，某种程度上超过了在校的研究生。这个班可以说是在特殊的时间点上产生的，既反映了当时干部培训从理论灌输到理论与实践结合的转变，也反映了高校在干部培训中自我定位的明确。

当时李处长提出受训者应该“带着问题来，带着成果走”，这一提法使培训班从公共管理一般知识培训转化为重点突出问题的专项培训。先由济南市组织部门和研究部门提出培训的主题方向，一般每届研修班是五个专题，我们根据这五个专题落实专家，并通过专家再进一步落实相关师资和课程。虽然在前期准备和程序上烦琐了很多，但是培训的针对性得到了极大的加强。

以下是济南班的基本方案：

一、项目概况

项目背景：为认真学习贯彻党的十七大精神，切实加强领导干部执政能力建设；落实中共中央组织部《关于深入学习贯彻“三个代表”重要思想，做好大规模培训干部工作的意见》的文件精神，济南市委组织部和清华大学公共管理学院精心设计了高级行政管理人才培训课程。本着发现、培养、使用的干部成长规律，通过系统培训，造就一批政治过硬、学有所长、干有所为的高层行政管理干部，为济南市的未来发展奠定坚实的人才基础。

培训目标：根据济南市委对高级行政管理人才的需求和清华大学公共管理培训的特点，本次培训着眼于全面提高优秀高级行政管理人才的履职素质和能力。通过精挑细选的课程设置，并聘请有丰富经验的专家学者和实践家授课，在最短的时间里帮助学员提高理论水平、学习能力、适应能力和领导能力；通过介绍热点话题、全新理念并结合政治经济体制改革的现实国情，帮助学员加快知识更新、提高政策水平和实践能力。

培训对象：济南市优秀高级行政管理人员，共 50 人。

培训方法和特点：课程设置以培训对象的特点为核心，强调实用性、系统性、专业性，同时不乏灵活性。概念新，可操作性强，除传统教学方式外配合流行的行动教学法和案例教学法，达到互动、激发式教学效果。封闭式课堂讲授，案例式创新学习，研讨式小组练习，讲座式视野扩展，把团队学习的方法贯穿始终。同时，由专家和教授指导各课题小组的研究工作，力求将所授知识和地方政府亟待解决的课题紧密结合，真正使培训切合地方政府的实际需要，使研究成果具备实用性。

培训时间：培训时间从 2008 年 5 月到 2008 年 12 月，共 7 个月。其中公共管理课程 272 学时；专题讲座 188 学时；专题研讨 160 学时；实践调研 50 天；论文准备和答辩 120 学时。

二、组织结构

本期培训班由济南市委组织部和清华大学公共管理学院培训中心共同举办，济南市委组织部负责学员选调和业务指导，济南市委组织部和清华大学公共管理培训中心负责制订、实施教学计划。为推动本合作项目的实施，建议成立如下两个组织机构：

① 合作领导小组——略

② 项目专家小组——略

三、课程设置

	课程名称	学时	课程名称	学时
行政体制改革与服务型政府建设	行政体制改革总述	4	西方政府改革总述	4
	服务型政府	4	体制和能力建设	4
	电子政府改革流程	4	薪酬制度（工资、福利）	4
	依法行政与制度建设	4	岗位设置和绩效评价	4
公共管理基础课程	管理经济学	32	公共政策分析	32
	公共管理核心与前沿	32	公共财政学	32
公共管理能力建设课程	组织行为学	16	项目管理	16
	人力资源管理	16	战略管理	16
	劳动与社会保障	16	行政法制建设	16
	公共关系学	12	公共危机管理	8
	公共部门绩效管理	8	战略与政府管理	8
	政府创新与优势集聚	8	执政能力建设	4
现代经济管理课程	财务报表分析	16	博弈论	12
	国际贸易	12	当前宏观经济形势分析	4
政治理论课程	“十七大报告”解读	4	构建和谐社会	4
	反商业贿赂	4	“十一五”规划专题	4
	社会主义国家新农村建设	4		

续表

	课程名称	学时	课程名称	学时
技能提高课程	管理沟通	8	领导科学与艺术	8
	科技管理和科技创新	8	城市竞争力与地区形象设计	8
	情绪管理	8	传统文化与现代管理	8
	人地和谐研究	8	领导的言语表达艺术	8
	当代中国社会问题	4	国际热点关注	4
	循环经济与可持续发展	4	学习型社会	4
文化素养课程	媒体沟通艺术	8	文化产业	8
	21 世纪的宗教信仰	8	领导心理素质健康	4
	音乐欣赏	4	美术欣赏	4
	文物精品与文化中国	4	中西方文化比较	4
专题研讨	专题研讨共 160 学时，就热点关注问题进行研讨，辩论。			
论文	论文准备和答辩 120 学时			

注：除上述方案之外，清华大学公共管理学院培训中心将负责向学员提供丰富多彩、涵盖不同领域的清华大学校内讲座信息，方便学员在业余时间根据个人兴趣参加

四、部分师资简介（略）

五、教学组织管理

教学组织管理与协调工作由济南市委组织部和清华大学公共管理学院培训中心共同负责。根据培训目的和要求，学员在读期间将由清华大学公共管理学院培训中心和班级组织委员对学员的学习和表现等进行跟踪考核。考核主要采取考勤、撰写专题论文等多种形式进行。在课程结束时，由济南市委组织部门和清华大学公共管理学院教授对学员撰写的专题论文进行评判。学习结束后，将由济南市委组织部和清华大学公共管理学院培训中心对学员进行综合考

核，综合考核结果及论文评判意见将录入《清华大学公共管理学院培训学员结业鉴定表》，并交由组织部门存档。

项目培训全天封闭，教学组织主要原则为：

① 严格执行教学计划和教学安排，遵守纪律，保证出勤。

② 积极研讨，自觉地把团队学习的方法贯穿学习的始终。

③ 所有教学课件和案例提前由责任教授负责下的项目管理团队沟通调整，力求接近专业和行业前沿。

④ 个人专题研究论文在本次培训结束后结集上交济南市委组织部。

⑤ 所有课程案例必须事先阅读。

清华大学公共管理学院培训中心将为班级配备专职班主任，负责学员的各项后勤安排，提供包括校内住宿、校内餐饮、图书借阅、校内讲座信息等全方位的后勤信息和服务。

六、教学安排计划

培训包含公共管理课程 272 学时；专题讲座 188 学时；专题研讨 160 学时；实践调研 50 天；论文准备和答辩 120 学时。具体安排如下：

第一阶段：2008 年 5 月 5 日—2008 年 6 月 5 日

基础知识学习阶段，重点学习公共管理基础知识，并选定专题方向、划分子课题、撰写《开题报告书》及课题研究计划。

第二阶段：2008 年 6 月 5 日—2008 年 7 月 5 日

综合知识准备阶段，在课程学习的基础上，就相关专题展开有针对性的学习和知识准备。就《开题报告》及课题研究计划做更进一步的研究，并在指导老师的协助下做好调研阶段的工作计划和调研方案

第三阶段：2008 年 8 月 5 日—2008 年 9 月 30 日

实践调研阶段，根据专题所涉及的相关方面，就具体问题进行实际考察，收集相关数据和资料，撰写论文初稿。

第四阶段：2008 年 10 月 10 日—2008 年 11 月 15 日

相关知识提高阶段，本阶段将在前期基础知识的基础上做好理论学习的进一步全面完善。汇报调研成果，完善课题报告初稿，并上交课题报告初稿。

第五阶段：2008 年 11 月 15 日—2008 年 11 月 25 日

全面修改课题报告阶段，课题研究报告定稿，上交济南市委组织部和清华大学公共管理学院。

第六阶段：2008 年 11 月 25 日—2008 年 12 月 5 日

准备课题报告答辩。

案例 2

绍兴市领导干部公共管理高级研修班

清华大学公共管理学院和绍兴市的干部培训合作可以说是一个典范，形成了特色鲜明、效果突出的干部教育培

纵观古今，改革的方法各有不同，改革的方向亦各有不同，求发展创新、国富民强的有之；为一己之私中饱私囊的亦有之。

训“绍兴模式”。从2005年开始，截至目前，双方的合作一直没有间断，并且有逐步扩大和发展的趋势。绍兴市对干部教育培训重视而务实，举个例子：从2005年开始，无论是前任组织部长方建平，还是继任组织部长翁鲁敏，都参与主持了每一期绍兴班的课程方案设计和主题确定，并在开学结业典礼上提出具体的培训要求，这在我所接触的上百个城市、数百个培训班来讲是绝无仅有的。

绍兴班的特点是问题新、内容实、环节紧。熟悉浙江经济的人都知道，绍兴在浙江发展中具有重要的地位，很多举措都走在全省乃至全国的前列。正因为如此，绍兴所面临的都是一些新问题，缺乏现成的结论和解决方案，这为“绍兴模式”的培训提供了一个现实基础。

“绍兴模式”概括来讲就是：以行动学习为理念，以调查研究为方法，以实际问题为主题，以课题研究为主线，以掌握利用理论解决实际问题为目标的培训模式。自2005年以来，培训中心会同绍兴市委组织部赵铭副部长和秦国金处长、李国荣处长，通过强化项目管理，逐步探索形成了“选定主题、集中辅导、现场教学、小组答辩”等环节，不但开阔视野、增长知识，更是掌握了利用理论解决实际问题的能力。

以下是绍兴市委组织部基本方案：

一、培训对象

绍兴市级机关部门优秀副处以上领导干部34人，县（市、区）党政领导班子成员6人，共40人。

二、教学安排

第一期研修班采取了清华大学集中学习—绍兴调研做论文—清华大学做学员论坛的三段式合作方案。

本次研修班时间共为 8 个月，从 2006 年 3 月到 2006 年 10 月，分四个阶段进行：

第一阶段，培训准备阶段。 2006 年 3 月初至从 2006 年 3 月 26 日。

2006 年春季统一开班后，要求每位学员从 3 月上旬开始，围绕培训课程设置及组织部选定的四个调研课题方向，结合绍兴及自身工作实际， 选定个人将参加的课题组，并初步确定个人的子课题，准备 1～2 个问题，收集好相关素材，为清华学习、求解做好准备。

第二阶段，集中学习阶段。2006 年 3 月 27 日至 4 月 8 日。

在清华大学集中学习 10 门公共管理和经济管理的核心课程，附以其他讲座。

授课与讲座要求由清华大学的资深专家、教授担任，方法以互动式、研究式、案例教育、情景模拟为主，讲授能做到结合实际紧密、信息量大、内容新、观点鲜明，使学员通过课程学习能较为系统地掌握公共管理的基本知识与最新理念，掌握处理实际问题的方法与技能。

课程设置及师资安排如下（计 13 门课，88 学时）：

课程模块	课　　程	课 时
公共管理基础	公共管理核心与前沿	12
	公共财政学	8
	公共政策分析	8
	宏观经济走势分析	4
	现代政党政治	8
公共管理能力	中国行政法治建设	8
	公共部门绩效管理	8
	就业与社会保障	8
	领导人演讲谈判技巧	4
	公共危机管理	4
	政府优势集聚	4
区域发展	区域经济发展战略	8
	城市经营的理念与模式	4
参观校园		

第三阶段，调查研究、专题辅导阶段。2006 年 4 月 9 日至 10 月 8 日。

在绍兴当地进行。学员在清华大学集中学习的基础上，四个调研组分头进行调查研究。期间，由课题组组长统筹本组学员的调研活动安排，清华大学将派专家教授分四次到绍兴做大型讲座、专题辅导及调研指导。

课题方向（选四个）：

- 自主创新与区域竞争力研究
- 科教兴市、人才强市战略研究
- 建设环境友好型社会研究
- 循环经济与可持续发展研究
- 社会主义新农村建设研究

• 政府行为模式转变研究—依法行政研究

调查研究：四个调研课题组，每个课题由清华大学指定一位相关专家担任导师，每个调研组内的学员承担一个子课题；

4月9日至7月31日，每个学员完成各自的子课题，形成调研报告；

8月1日至8月31日，在请导师指导、审阅、修改的基础上，课题组成员对各自的课题不断进行修改完善，并于9月20日前将所有课题报告提交导师。

专题辅导：每个专题研究小组均由公共管理学院培训中心正式聘请一名教授担任课题导师，负责总体指导。聘请研究该专题的博士或博士后担任课题副导师，负责具体辅导。课题导师和副导师将负责指导课题组研究，向课题组学员提供学术前沿信息，在调研期间，学员可采用网络邮件、电话等多种方式与导师进行沟通咨询。

为提高调研质量，调研期间，拟分别请清华大学相关专家、教授到绍兴做专题讲座或专题辅导，并对四个课题的调研进行指导。安排四次，每次1～2天。在调研阶段，专家教授赴绍兴之前，相关课题组学员应将调研情况、论文大纲或基础资料提前提交给辅导老师，以便辅导工作能够有的放矢地进行，达到最佳效果。

大型讲座：在调研辅导阶段，公共管理培训中心将邀请相关知名专家至绍兴做三次大型讲座。讲座的备选题目有《转型期中国社会变迁》、《阳光心态塑造》、《政府与媒体（媒体沟通技巧、新闻发言人能力提升）》、《资本运营与风险投资/公共财政与税收政策》、《战略管理和战略思维》。

第四阶段，清华大学集中研讨阶段。10 月 6 日到 10 月 11 日。

在前几阶段学习调研的基础上，围绕四个调研课题，每个课题举办一次学员论坛，共四次。

每次论坛安排一个课题组作课题报告，时长半天，在主持人作引导发言后，先由课题组各成员作主题发言，每人发言时间在 10 分钟以内。清华大学派出 2 人以内专家小组参加、指导论坛，对学员的课题报告进行点评，并安排一定时间开展师生交流、研讨，最后由课题导师进行综合评定。

论坛期间，公共管理学院将安排 3～4 次讲座，具体讲座安排视公共管理学院安排，根据当年形势热点及学员反映安排内容。

三、组织结构及组织管理

本期培训班由绍兴市委组织部和清华大学公共管理培训中心共同举办，绍兴市委组织部负责学员选调和业务指导，绍兴市委组织部和清华大学公共管理培训中心负责制定、实施教学计划。

◎ 项目专家小组

（略）

◎ 组织管理

绍兴市委组织部和清华大学公共管理学院共同负责教学组织管理工作，双方各派出 1 位班主任跟班管理。学员在清华大学公共管理学院正式注册，由清华大学公共管理学院进行学籍管理；培训期间，对学员实行“双百分考核”，由清华大学公共管理学院班主任与组织部跟班干部一起对学员的出勤、课堂纪律、学习和表现等进行全程考核，并填写《清华大学公共管理学院培训学员结业鉴定表》。学员完成 8 个月的课程与调研，通过考核后，由学校培训主管部门颁发“清华大学公共管理高级研修班”结业证书。

四、项目效果评价

在项目运作中，公共管理学院培训中心针对每一门课程给学员发放课程教学效果评估表，就课程的总体评价、课程内容、授课形式、课程讲授情况、教师敬业精神、教师责任感、课程内容总量等评估项目加以评价。在项目结束前，发放项目整体效果评估表，对项目整体课程设计、项目授课情况、后勤安排等方面加以评价。培训中心对回收的评估表进行汇总统计，根据统计结果总结项目的经验、教训，及时发现问题、解决问题，奠定完善和改进项目的基础。

➘ 经验总结

济南市和绍兴市培训项目的成功，为高等院校如何参与领导干部培训工作、发挥高校自身特点和优势奠定了良好的基础。从 2006 年开始，我们在培训中大量采取“研究型培训”，并总结出一系列操作方式和步骤，这一教学方式在2008年获得了清华大学教学成果二等奖。其中“绍兴模式”还得到了中组部李源潮部长的批示认可。

“研究型培训”基本方法如下：

研究型培训的关键在于，如何通过研究过程使领导干部掌握利用理论知识解决现实问题的能力。在实践中我们经常看到，在课堂学习时，学员对于理论的掌握非常好，但是一到实践中，又凭经验处理了。因此我们设计了“研究型培训”的一套较成熟的运作体系，包括完善的课程体系、规范的运作流程、组织的积极配合，在此基础上，形成了良性运作、持续发展的人才培训机制。

研究型培训采用五阶段项目运作，挖掘项目深度，强调学员“带着问题来，带着成果走”的宗旨。五阶段的项目运作具体内容为：

① 培训准备：组织部调研当地情况和经验，确定研究课题方向。

② 集中学习：学员集中在清华大学学习公共管理核心课程，同时与导师沟通，确定研究子课题。

③ 调研辅导：学员回工作岗位，调研当地情况，培训中心组织教师做专题讲座及论文辅导。

④ 论文写作：学员在教师辅导下进行论文写作。

⑤ 学员论坛：学员回清华大学做研究成果汇报，师生交流。

五个阶段的运作之后，不具备公共管理理论基础的学员所做的论文因有其实践经验为基础，有详细的调查数据支持，有参与项目的教师的理论辅导，同时能够结合地方的社会政治、经济实际发展情况，具有了一定的参考价值。

不同于传统干部培训机构的课程体系，我们强调针对干部在实际工作中的实际需求、受训干部的层级为不同的项目度身定制课程。这套课程体系包括学员所上课程，但核心内容还是贯穿于培训项目整个过程中的研究课题。项目策划阶段，合作方（组织部门）根据当地经济、社会发展状况及干部能力提升的实际需求，结合清华大学公共管理学院公共管理学科优势课题，提出大的研究方向；方向内则由学员结合自身工作实践，针对个人在实际工作中的困惑与思考，提出具体的研究子课题。

以大的研究方向为基础，清华大学公共管理学院培训中心聘请院内教师作为辅导老师，完成以下工作：

① 指导学员调整初定题目；

② 指导学员进行课题的调查研究工作，为学员开列参考书目；

③ 在学员调研过程中与学员保持联系，为之答疑解惑；

④ 学员论文初稿完成之后，审阅并提出修改意见；

⑤ 在学员论坛上听取学员汇报论文答辩，并给出学员的论文成绩。

在学习过程中，学员和教师都把精力集中在论文调研题目上。这样的模式加强了学习的针对性，使学员所学直接转化为研究成果，对学员本人或者组织部门来说，培训成果都更为彰显。

对于参与项目的教师来说，研究型培训模式对他们的要求也不同于以往传统的教学方式，要求其发挥高校的专业性和前沿性，使学科的理论与实践结合的更紧密。作为实践性较强的学科，这样的新要求为学科的理论与实践相结合提供了最佳的契合点。通过与培训学员的交流，教师的知识得到了传播和推广；在指导学员论文调研、写作过程中，授课教师能够深入了解到各级各类政府干部在工作实践中遇到的问题，从而能够使教学和科研的调整能够更符合现实的需要，促进了学科和专业的发展。

教育领域的先进人才与政府部门的优秀干部，在教与学的过程中互相授受，教学相长。

国际化培训实例

案例 1

熟悉清华大学的人都知道，清华大学在国际学术交流和合作上具有很强的实力，公共管理学院更是一个国际化程度很高的学院。学院近一半的师资具有国外学习、任教的经历，日常的国际学术交流更是频繁。1996 年，江泽民总书记在中南海会见海外归国学者的优秀代表，他们其中的四个人——薛澜、胡鞍钢、杨燕绥、崔之元后来都成为公共管理学院的教授。在这样的背景下，如何在干部培训中利用好国际资源成为培训中心的一个重要课题。

中组部王东明副部长在 2005 年“小康社会领导者培训项目”专题研修班开班仪式上强调：“改革开放以来，特别是1992年邓小平同志视察南方重要讲话发表以来，随着经济全球化趋势的加快和我国对外开放的加大，我国经济主动参与国际合作与竞争交流的机会越来越多，对领导干部素质的要求越来越高，这就要求我们在坚持国内培训为主的同时，组织适当规模的领导干部走出国门，广泛学习借鉴发达国家的先进技术和管理经验。”可以说，在2005年，推动落实领导干部境外培训已经成为干部教育培训中的共识。

境外干部培训渠道庞杂、费用较高，如果没有很好地辨别和把握能力，很有可能就变成了“观光游”。清华大学作为一所国际知名的高等院校，具有较强的知识生产和把握能力，能够对干部培训的实际需求进行方案化和课程化，同时又能够对国外大学、研究机构的知识生产和传播能力进行选择和鉴别。通过对需求的调研和对境外培训渠道的把握，使干部境外培训变得目标明确、过程可控、效果明显。

“公费出国游”曾披着学术交流、观摩研讨的外衣风靡全国各级政府部门，上行下效，古今同理。

除了由中组部委托，国务院发展研究中心、哈佛大学肯尼迪学院和清华大学公共管理学院三方合作的领导干部高级研修班之外，从2006年开始，在时任公共管理学院院长陈清泰的主持下，培训中心开始和乔治·华盛顿大学合作，开展对各级领导干部的培训工作。培训的主要模式是，先在清华大学进行为期两周的公共管理知识学习，然后在美国进行三周的学习和考察。具体的培训方案由组织部门以及中外两所高校共同设计。其中，国内培训阶段由清华大学教授、国内名家和政府官员讲授公共管理学术前沿知识和管理实践；美国乔治·华盛顿大学培训阶段将实地考察美国政府管理机构，与公共管理国际名师和美国政府官员零距离直面互动交流。

培训方案如下：

国内培训阶段

5月14日（周一）	上午	举行开学式，集体拍照，参观校园
	下午	公共管理核心与前沿
5月15日（周二）	上午	公共管理核心与前沿
	下午	公共管理核心与前沿
5月16日（周三）	上午	公共财政学
	下午	公共财政学
5月17日（周四）	上午	公共政策分析
	下午	公共政策分析
5月18日（周五）	上午	宏观经济走势分析
	下午	领导人演讲谈判技巧
5月19日（周六）	上午	城市经营的理念与模式
	下午	参观校园重点实验室
5月20日（周日）	上午	参观北京现代
	下午	参观联想集团
5月21日（周一）	上午	解读中国当代政治
	下午	解读中国当代政治
5月22日（周二）	上午	中国行政法治建设
	下午	中国行政法治建设
5月23日（周三）	上午	公共部门绩效管理
	下午	公共部门绩效管理
5月24日（周四）	上午	就业与社会保障
	下午	就业与社会保障
5月25日（周五）	上午	公共危机管理
	下午	政府优势集聚
5月26日（周六）	上午	区域经济发展战略
	下午	区域经济发展战略

国外培训阶段

日期	星期	日序	日 程 安 排
11/29	六	1	抵达华盛顿，办理美国入境及海关手续。 车送至宾馆，团组分配房间，稍事休息，开全程详细行程报告会及生活注意事项
11/30	日	2	熟悉当地环境，参访华盛顿
12/1	一	3	乔治·华盛顿大学学习（第一天）公共管理体系
12/2	二	4	乔治·华盛顿大学学习（第二天）公共财务运营
12/3	三	5	乔治·华盛顿大学学习（第三天）会计核算与政府成本管理
12/4	四	6	乔治·华盛顿大学学习（第四天）美国政府人力资源管理
12/5	五	7	乔治·华盛顿大学学习（第五天）危机管理——次贷危机引发的全球金融危机与政府行为
12/6	六	8	休息
12/7	日	9	休息
12/8	一	10	乔治·华盛顿大学学习（第六天）商业论理与政府诚信
12/9	二	11	乔治·华盛顿大学学习（第七天）公共项目管理
12/10	三	12	乔治·华盛顿大学学习（第八天）政府绩效管理与治理
12/11	四	13	乔治·华盛顿大学学习（第九天）战略规划及管理
12/12	五	14	乔治·华盛顿大学学习（第十天）生态文明与可持续发展
12/13	六	15	奥运城市亚特兰大参访：参观 CNN 总部、可口可乐总部
12/14	日	16	休息
12/15	一	17	休息
12/16	二	18	纽约参访：参访哥伦比亚大学，参观联合国总部
12/17	三	19	纽约参访：参观西点军校，拜访纽约州政府部门
12/18	四	20	乘机返程中国
12/19	五	21	平安抵达

这一项目持续了三年，先后有北京、辽宁、浙江、湖北、宁夏等多个省市的领导干部参加了学习。而后我们又先后和美国、新加坡、中国香港的多个机构与大学建立了合作关系，并为国家外专局领导干部出国培训班提供在国内部分的教学服务。通过这些工作，我们将国际培训作为干部培训中的重要组成部分。

与此同时，我们也开展针对国外政府官员的培训服务，承担了国家商务部的国外官员培训计划。在与国防大学的合作中，我们提供了领导能力模块和中国国情模块的学习任务，获得了极好的评价。

课程设计：领导思维与决策艺术；战略管理基本理论；公共危机管理；管理沟通与谈判技巧；中国人民解放军的军队管理（由国防大学负责）。

座谈研讨：公共危机管理（案例研究）；现代军队管理（由国防大学负责）。

培训对象：外国高级军官和负责国家政治安全事务的防务官员。

案例 2

公共管理高级培训项目

该项目由国务院发展研究中心、哈佛大学肯尼迪政府学院、清华大学公共管理学院三方共同举办。按照原计划，从 2002 年起的 5 年内，三方共同持续开办针对中国政府官员的“公共管理高级培训班”，每年一期，每期为中国政府培训60名左右的地方和中央官员，中组部负责从全国各地进行选拔。有资格接受这项培训的官员的基本前提是：应当具备副厅以上的级别，在本岗位有至少两年的工作经验，45岁以下（副部级可适当放宽），大学本科以上学历，具有相当于大学英语四级的水平等。

培训分为两个阶段。第一阶段在清华大学，为期6周，由清华大学公共管理学院的教授和哈佛大学肯尼迪学院来华教授重点讲授有关基础理论和国内政策的课程。国务院发展研究中心的有关专家将围绕当前中国经济和社会生活中的重大问题做专题讲座。第二阶段到国外培训，地点在哈佛大学，为期6周，重点讲授公共管理最新的理论和工作方法。学习结束后，将由国务院发展研究中心、哈佛大学肯尼迪政府学院和清华大学公共管理学院三方共同向学员颁发结业证书。

截至2011年，该项目共举办9期，共有来自全国各省区市、中央国家机关各部委的450余名高级公务员参加了这一培训项目。

特点： ① 不轻视对公共政策分析的基本技能培训。

② 根据中国官员的需求进行以主题为中心的探讨。

③ 实地考察访问。

④“案例研究”的方法贯穿于各类培训课程之中。

经验总结

据我看来，国际化培训的意义是无可非议的，但是也存在着不少的问题。

首先是培训目标的确定和落实问题。很多出国培训班没有确切的学习目标，只是为出国学习而出国学习，因此课程设置内容过于简单，很多内容不是脱离中国实际就是完全可以在国内读几本书就可以了解。

其次是中外合作不平等。很多西方国家的高校，尤其是名校，借助本国的影响力，在培训班设计实施上非常强势，国内合作机构几乎没有发言权，没有发挥出作为本土机构对于干部需求更加了解的作用。

最后是国际培训费用极高。西方名校的培训费用几乎是国内培训的 5～10 倍，而教学内容很多是在国内就可以完成的，组织部门往往在出国培训上花费了大量的干部教育经费，导致国内培训经费受到极大的制约。

谁说“外来的和尚好念经”？谁说“外国的月亮比中国的圆”？不能妄自尊大，亦不可妄自菲薄。

这些现象的存在，抑制了国内培训者的积极性，扩大了国内外在培训内容和方法上的差距。

网络型培训实例

从 2008 年开始，我们的培训达到了每年培训数千名处级以上领导干部的规模，我越来越感觉到工作受到资源环境的制约。一方面，清华大学的优质教学资源有一定的限制，后勤食宿也很难没有限制的扩大；同时，受训的学员大多受工作限制，很难拿出太多的时间来清华大学脱产学习，工学矛盾非常突出。领导干部培训到了必须利用现代信息技术的时候了，于是我们开始了成立清华干部培训网的调研和筹备工作。

2008 年夏天，我选择长期在我院进行面授的辽阳、东营等五个地市展开如何利用网络和其他技术进行干部培训的调研工作。这些工作得到了各地组织部门的积极配合，极大地增强了我们开展清华干部培训网的信心。

2009 年初，时任清华大学副校长的汪劲松正式批准了学校教育培训处和公共管理学院的申请，清华干部培训网正式开通。从成立开始，我们投入了极大的力量来开发和推广此项工作，已经取得了一定的成果。截止到 2011 年年底，我们已经开发制作了 200 多门领导干部培训精品课程，为国内数十家干部教育网络培训机构提供了内容服务，并通过网上学习平台培训了大批的领导干部。立体化培训的实施方案如下。

“与时俱进”、“物尽其用”，网络教学正是其最好的诠释。

作为中组部认定的干部教育培训高校基地，我们已与多所世界知名学府展开多种实质性的资源合作，创新了在线培训教学方式和课程体系。同时，结合中国社会的公共管理实践经验，凭借雄厚的师资力量，不断探索，创办了具有自身特色的立体化、订制式、有高校特色的领导干部在线培训模式。

基于各地区干部培训工作发展水平差异化的情况，“清华干部培训网”为各地区的组织机构提供了四种教学模式以供选择。

1. 主平台在线培训

“清华干部培训网”在互联网上搭建了门户网站，以供全国各地的学员访问。主平台根据使用者不同需求，提供清华网络公开课、网络专题培训班、行业在线培训专区等侧重点不同的在线课程；各地区可以按照自身干部培训的实际情况，为各级领导干部选择适用性较佳的课程。主平台由清华大学统一管理，定期向各地区组织部门反馈学员使用情况。如我们与中央国家机关工委下属《紫光阁》杂志社合作举办的在线培训班，已经有国务院机关事务管理局等 10 个国家机关参加了在线选学。

2. 地方平台建设

可以根据各地区自身切实需求，为各地区开发符合当地文化特色和时代特色、突出当地干部学习特点的远程教育平台。平台由当地负责人进行管理，并可将当地的干部组织架构和培训资源导入平台中，实现成体系、规模化的完整解决方案。解决在线培训关于教、学、管、考的四大问题，并提供相应课程资源和学术支撑服务。如清华干部培训网完成了“辽阳市干部在线学习中心”项目的平台搭建工作和教学资源提供服务，第一期注册学员有 2496 人，创造了日均学员在线人数超过 1000 人的记录，得到了组织部和学员的充分肯定，展示了清华干部培训网的综合实力，同时为“辽阳市干部在线学习中心”二期、三期的合作打下了坚实的基础。

3. 课程合作

对于已经搭建了远程教育平台的地区，提供更具针对性、时效性的“定制式”在线培训课程，通过课程合作的模式，在清华大学 14 个干部培训模块、数百门的课程中由各地区自行选择适用于本地区的课程内容。同时可以根据各地区的具体需求，安排面授和课件点播相结合的学习方式。合作模式包括模块化成品课件提供、个性化高端课程订制、创新型课程体系研发。如公共管理学院充分发挥了中国公共管理案例中心的资源优势，于 2010 年与北京市委组织部创新推出了《中国公共管理多媒体案例库》，受到了组织部与学员的高度评价；2010 年北京干部在线学习中心第一批选购了 20 门公管类在线课程，并在北京干部在线学习中心网站内开设“清华干部培训网精品课程专区”，进行更深入的合作。

4. 泛在培训模式

将内含教学计划、课程体系、考试测评等信息的在线培训“资源包”装入 U 盘、视频播放器或平板电脑内，学员可以随时随地学习，不受网络条件的限制，相关学习记录能够与网络同步更新，达到线上线下学习的无缝连接。

清华干部培训网开放以来，为领导干部培训打开了一扇广阔的窗。2010 年，立体化培训的理论和实践获得了清华大学的教学成果二等奖，同时，北京市委组织部、中组部等机构也邀请我作为网络课程体系设计专家参与了他们的具体工作。可以说，网络教育目前仅仅是一个序幕，通过网络、手机、各类多媒体设备，干部教育“泛在学习”平台正在逐步形成，相信这一探索必然会对未来的干部培训工作带来巨大的进步。

第六章

建设世界先进的干部培训体系的探索

■ 建立世界领先的干部培训模式的必要性

在前文中我们简单了解了各国干部培训的历史和现状，我们看到，大多数对干部培训较为重视的国家，也正是政府执政能力和效率比较高的国家。对于干部培训工作，只要能够形成一种积极的学习氛围，形成一种有效的学习模式，无疑是一种见效快、收益高的投入。

无论在学术界有没有“中国模式”这样的说法，事实上中国的确在经历着一条自己没有走过，世界其他国家也没有走过的道路。这条道路没有鲜花和掌声，几乎都是陷阱和利刃，无论是党和政府还是人民，都应该有着清醒的认识。中国的问题不能寄希望于几个圣人先贤，更不可能寄托于国际友好，只能从自身实际出发，团结一致去解决。作为领导干部，不但要提高自身能力，还要向上理解党和

> “天下事有难易乎？为之，则难者亦易矣；不为，则易者亦难矣。”
> ——彭端淑《为学》

政府的核心目标和任务，向下团结和动员人民的力量，将整个国家信念和利益统一起来，才能不负历史的使命。而这种能力，正如毛泽东同志所说，正确的思想不是从天上掉下来的。只有通过不断的学习和实践才能掌握。

目前干部培训领域整体是好的，干部培训经费有保障，干部培训对象有热情，干部培训队伍有分工，干部培训方法有创新。然而我们也要看到问题：干部教育培训缺乏研究，从事干部培训的队伍不稳定，师资队伍缺乏统一的培训，培训的计划性和连续性不强，培训的跟踪考核工作缺失，培训经费投入产出缺乏核算，等等。这些问题虽然是发展中的问题，但是如果处理不好，将会使干部培训流于形式，长期下去会影响到干部教育培训的内核。

《中华人民共和国公务员法》在关于培训方面规定：机关根据公务员工作职责的要求和提高公务员素质的需要，对公务员进行分级分类培训。机关对新录用人员应当在试用期内进行初任培训；对晋升领导职务的公务员应当在任职前或者任职后一年内进行任职培训；对从事专项工作的公务员应当进行专门业务培训；对全体公务员应当进行更新知识、提高工作能力的在职培训，其中对担任专业技术职务的公务员应当按照专业技术人员继续教育的要求进行专业技术培训。国家有计划地加强对后备领导人员的培训。公务员的培训情况、学习成绩已作为公务员考核的内容和任职、晋升的依据之一。

从这一规定可以看出，公务员培训的主要目的是提高公务员岗位技能和能力，使之能够完成岗位职责要求。在培训内容上侧重于更新知识、提高工作能力，甚至是要进行专业技术的培训。公务员的岗位培训更多的是倾向于公务员个人能力的提高，通过公务员个人能力的提高来提升整个公务员队伍的水平，从而提升整体的工作质量和工作效率。

《中共中央关于加强党的执政能力建设的决定》指出："党的执政能力，就是党提出和运用正确的理论、路线、方针、政策和策略，领导制定和实施宪法和法律，采取科学的领导制度和领导方式，动员和组织人民依法管理国家和社会事务、经济和文化事业，有效治党治国治军，建设社会主义现代化国家的本领。"该决定在关于培训方面指出："重点抓好领导干部的理论和业务学习，带动全党的学习，努力建设学习型政党。围绕增强执政意识、提高执政能力，创新培训方法，提高培训质量，大规模培训干部。建立和落实领导干部的学习考核和激励机制。"这一决定强调了在领导干部的学习中要把建立学习型组织、大规模培训干部作为工作重点来抓，强调执政能力的提高是靠组织能力、靠全体领导干部来共同保证的。

在目前阶段下，中国的干部教育培训目标非常明确，就是从组织能力提升的角度来实施。虽然个人能力提升是组织能力提升的重要组成部分，但是并不完全和组织目标相吻合，在这种情况下，组织对于培训对象和培训内容的把握就非常重要。除了传统的各种培训班之外，最近举办的县委书记班、公安局长班、政法委书记班都是这一思想的具体体现。

在提高组织能力方面，有很多重要的因素，如党的理论、路线、方针、政策和策略等相关知识的学习，一定要和组织的目标结合起来，并不单纯是个人的技能或是修养问题。

在领导干部培训中，个人可能倾向于接受学位教育，以提高自身的社会竞争力。而学位教育的很多内容虽然和岗位要求和组织要求有一定的相关性，但是并非完全吻合，而采取非学位教育更能及时解决工作岗位中遇到的问题，提高组织的整体能力和效率，因此现在的干部培训已经不再特别青睐于学位教育。

同其他国家相比，我国的干部培训的目标更加明确，实施更加有力，动员和落实能力更强。有了明确的目标，就能使有限的教育培训资源得到更加充分地利用。

■ 现有的干部教育培训体系

干部培训是基于学员个人的需求还是基于组织的目标来进行是一个非常重要的问题，这直接决定了培训的组织、内容、方式、考核等一系列设计。在西方国家的课程设置和组织方式上我们看到，虽然有一些组织安排的必修课程，但是大多数还是采取学分制管理或是学习时间管理，给学员以比较大的自由度。事实上国内的很多组织部门也采取了自主选学等培训方式，学员在一定的范围内自由选择所需的课程。这样的方式对于提高学员的学习积极性，提高学员的综合素质具有一定的积极意义，但是总体上会偏离干部教育培训的整体目标。有些选学过程中，出现了大量选学《周易解读》、《道家思想》等素质类课程，而对于《低碳经济》、《新兴产业发展》等关系到当前社会发展的重大课题则面临选学人员过少而无法开课的尴尬。

> “昔有学步于邯郸者，曾未得其仿佛，又复失其故步，遂匍匐而归耳。”
> ——《汉书·叙传上》

面对这样的现实，中国干部培训的目标就是基于组织能力提升的干部能力塑造和培养，将组织能力提升放在干部教育培训的首要位置。这里的组织能力是对组织完成自身功能所应该具备的能力的统称，小到一个单位，大到一个国家，在确定培训目标时遵循由组织功能确定所需的组织能力，由组织能力确定所需的干部能力的路径；在实施培训目标时遵循由干部能力提升到组织能力提升，由组织能力提升到组织功能完善落实的路径。

从 2000 年开始从事领导干部经济管理教育，到 2004 年开始从事领导干部公共管理培训，时至今日，我从事干部教育培训工作十几年了。这十几年是中国经济社会快速发展的时期，更是我国干部教育培训发展最快的时期。这里有客观的原因，那就是中国整体发展和全球化进程的加快，尤其是信息技术的发展，使传统的权威式领导难以适应新的挑战。在主观上，由于执政基础和执政理念的变化，使组织的执政能力和个人的领导能力成为执政的关键。尤其是自 2002 年中央政治局集体学习制度确立以来，更给整个中国共产党的学习型政党建设作出了榜样。

回顾这十年，中央政治局共举行集体学习几十次，即使在外部环境和内部建设最为困难紧张的时期，集体学习制度也不折不扣的坚持了下来，这一制度已经成为过去十年推动社会发展的一个重要指向标。也正因为如此，干部教育培训体系也在发生着深刻的变化。正如参与政治局集体学习的专家学者来源于不同机构和途径一样，干部教育体系也不再是党校行政学院独掌天下的局面，新建设的浦东等干部学院、高等院校、专业培训机构、国外高校等都成为干部培训的可能选择。一个新的、更适应现代经济社会发展的、更能够和国际接轨的干部教育培训体系正在形成，一个更加自信、更加成熟的执政体系也正在完善。

■ 新的干部教育培训体系的方向

正如前文所说，在新的干部教育培训体系中，党校、行政学院以及干部管理学院承担着干部教育培训主渠道的作用，普通高校、专业培训机构以及国际教育科研机构起着必不可少的补充作用。

在内容上：通过体系内不同机构的相互融合和相互借鉴，从事干部培训工作的力量空前强大，越来越多的专家学者加入到干部教育培训的体系和队伍中来，形成了以参与干部教育培训为荣的社会和学术氛围。这一局面是中国历史上从来没有过的，它使得干部教育的内容空前丰富，方法空前科学，知识空前有效，极大地鼓舞了领导干部的学习兴趣和学习风气，使得传统的逼着学、看着学转变为抢着学、争着学。

在组织上：通过一系列教育培训规划和条例的实施，使干部培训从可有可无的锦上添花式变成了有的放矢即学即用的雪中送炭式。干部培训的组织者不仅局限于上级或者同级组织部门，很多行业领域的人事部门也主办了大量基于提高组织能力的干部培训班；干部培训的组织者不仅有省级组织部门或者部委人事部门，也有地市级甚至县级组织部门；干部培训的组织者不仅是党政一线的部门，甚至也有人大、政协甚至非政府组织的相关部门。可以说，在学习型社会和学习型政党建设的整体氛围下，领导干部培训已经成为提升干部领导能力，提升组织运行能力和党的执政能力的重要手段。

在方法上：传统的干部教育培训主要通过宣讲和自学等方式，而新的干部培训体系下，研究型教学、案例教学、实践教学、互动式教学等已经成为主要的教学方式。随着信息技术的发展，基于网络、多媒体、手机等技术设备的“泛在学习”已经在逐步形成。可以预见的是，随着干部培训新途径的开发和新技术的应用，干部培训工作必然会更加的实用快捷。

概括而言，中国新的干部教育培训体系应该是在提升党和政府执政能力的总体目标下，根据相关规划和法律保障，多渠道、多层次地组织和开展干部培训工作。党校和行政学院坚持干部培训的主渠道作用，引导各类干部培训机构的正确方向；高校等社会机构发挥各自教学和科研优势，整合各种优秀教学资源，做好干部培训的辅助工作。

充分利用各种技术手段，整合面授培训和网络培训的各自优势，在保证教学效果的前提下，实现培训投入的有效利用。

■ 我国领导干部培训的内容和方式

在对于各国公务员培训的总结中我们看到，多数的国家对于公务员能力的构成都有一定的描述。如英国高级公务员核心能力基准分为三大层次，并含有若干量化指标。分别为领导与指导层次，包括领导艺术、战略思维与规划、创造业绩三个方面；管理与沟通层次，包括管理部下、人际沟通、财务管理三个方面；自身的作为层次，包括个人效能，敏锐、创新与善断，专业知识与业务能力三个方面。

在我国的领导干部培训中，除相关党性、政策、法规和专业培训外，能力培训内容主要集中在三个方面，即政府运作管理知识，包括公共政策、公共财政、公共管理等内容；领导科学，包括领导艺术、战略管理、危机管理等；个人技能，包括沟通能力、创新能力、项目管理等。

可以看到，在领导干部培训中，除具体专业技能外，培训层次和内容是由低到高的，依次为基本技能、岗位能力、领导能力、价值观和宏观决策能力。这些能力中有些能力是直接可以检测和验证的，如基本技能；有些能力可以通过一定的考核或是证书来证明，如部分岗位能力；还有大量的能力是难以检测和证明的，只能在具体的实践中进行检验，如领导能力和价值观等。在培训实践中，领导干部的可见能力是易于进行培训和补充的，这些显性的知识不过是领导素质的冰山一角，真正大量的隐性知识决定了领导水平和决策水平的高低。

可以说，不同层次对于知识的需求是不一样的，随着管理层级的提升，领导者更加倾向于对隐性知识的吸纳。根据我们的分析，如培训机构能力模型所示（图 1）：对于级别较低的领导干部和技能性较强的知识，可以通过专门技术培训机构和地方党校进行培训；高级干部主要加强领导能力和价值观培训，可以通过中央党校等机构进行培训；中间层次主要要求能力培训，应该选择高校作为主要途径。

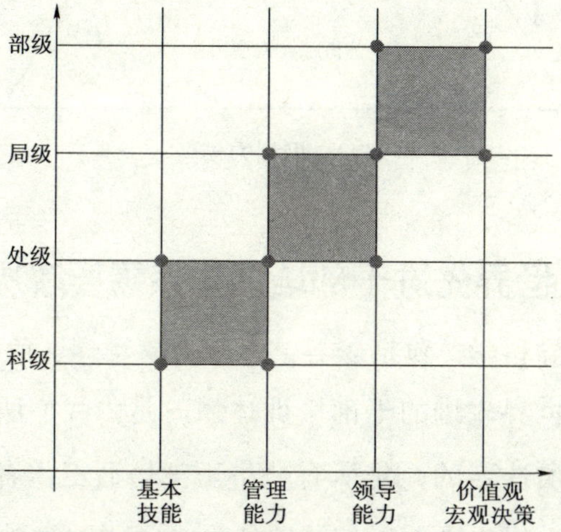

图 1　培训机构能力模型

鉴于我国特殊的政治模式和发展阶段，在干部培训内容的比较上，除了上述和世界其他国家培训内容的相似之处外，我国的干部培训的内容更加丰富，层级划分不像西方国家那样明显，即使是底层的干部，也要对国家的政策方向和落实有着明确的要求，所以培训的难度要大得多。由于存在着这样的培训难度，如果以培训力模型来看（图 2），我国的干部培训机构的培训力要求更强，内容和方法也要更加创新。

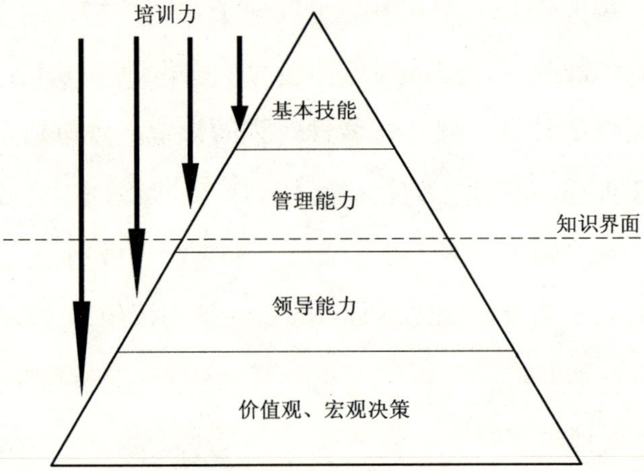

图 2　培训力模型

■ 建立世界先进干部培训体系需要解决的问题

建立世界先进的干部培训体系，是由我们所面临的任务和问题所决定的，是所有从事干部培训工作者的历史使命。建立世界先进的干部培训体系必须要做好以下工作：

① 做好干部教育培训目标的明确和贯彻。

建立世界先进干部培训体系的首要目标是服务于中国经济社会发展的大局，通过提升领导干部的能力，从而提升党和政府的执政能力，最终实现社会经济的平稳快速发展。所以干部教育培训的目标是党和政府执政能力的提升，这一提升不但要求领导干部工作技能和管理能力的提升，还需要领导能力和战略思维能力乃至价值观的提升。基于这一目标，干部培训一定是全方位、多角度的，一定是和道德水准、价值观念乃至理想信念相关联的，要避免干部培训的实用化、庸俗化倾向。

② 做好不同干部培训途径的分工和协作。

我国多渠道干部培训体系已经初具雏形，作为干部培训的参与者，各方应该注意分工与协作，多进行联合研究、衔接培训、师资互派、教学交流等活动。作为干部教育培训主渠道，不要打击排斥其他辅助机构参与干部培训；作为高校等辅助机构，也应该进行有效的管理和自律，使干部教育培训自觉服务于国家发展的大局。

③ 做好干部教育培训内容、方式、方法、评估等的研究和制度建设工作。

作为干部教育培训的组织者，各级组织部门由于人事变动等原因，从事干部培训工作的人员流动性比较强，很难长期从总体上把握干部培训的发展。而高校等机构由于干部培训工作并非其主要任务，很多从业者仅作为一项临时工作来处理。这种局面下，干部教育培训的研究工作难免受到一定的影响，凭经验、凭想象的培训项目层出不穷，使有限的干部教育培训经费没有合理地使用。由于缺乏研究，干部培训的教学内容、方式、方法很多都是照搬学位教育的课程，缺乏针对性和吸引力，损害了干部参与培训的积极性。

④ 做好组织单位、学员、培训机构等参与各方的积极性保护工作。

做好培训工作，既要有明确的目标，又要有科学的制度，最重要的是要有优秀的团队。要想建立世界先进的干部培训体系，必须给予组织者、培训者和培训机构以重视。使干部培训工作成为一种可以终身从事的事业，而不是一个跳板或是兼职工作。

■ 世界先进的干部培训模式

中国作为一个发展中大国，无论是干部数量还是所承担的社会治理难度都是空前的。作为执政党，中国共产党既要面对融入世界的全球化挑战，又要维持自身独特的社会制度，没有一支具有强烈使命感和领导能力的队伍是不可想象的。要建立世界先进的干部队伍，除了进行严格的干部选拔和管理外，干部培训是实现这一使命不可缺失的一环。如果没有先进的干部培训制度，仅仅通过干部选拔和管理来保持组织能力，必然会带来干部队伍的不稳定和组织认同感的下降，影响到组织长期发展的基础，因此中国有能力也有必要建立世界先进的干部培训模式和体系，来适应组织目标的实现。

毛泽东同志曾明确指出，“政治路线确定后，干部就是决定的因素”。有计划地培养领导干部，就是我们的战斗任务。

根据本人多年的研究和实践，可以将世界先进的干部培训模式简单归结为一个目标、两个途径、三种方式、四大支撑。

一个目标是指以组织能力提升为目标。如前所述，无论是学习型政党建设还是学习型组织建设，最终目标是提升组织能力，从而实现组织目标。在干部培训中，一定要将培训和组织目标相结合，通过组织目标分解，选择培训途径和培训方式，确立一切为组织目标服务的原则。

两个途径是指党校行政学院主渠道和高校科研机构等辅助培训机构。主渠道负责党的方针政策和主体班次的培训，把握和引导正确的培训方向和思路，辅助机构根据组织的需求，发挥各自知识创造和传播优势，实现大规模培训干部，全方位提升能力的作用。

三种方式是指通过研究型培训、国际化培训、立体化培训三种方式推进干部培训工作。随着干部整体素质提高，传统宣讲式的理论授课已经难以达到干部能力提升的要求，必须通过理论与实际相结合、国内和国际相结合、网络和面授相结合的方式，才能实现基于组织目标下的大规模培训干部的实际需要。

四大支撑是指研究评估体系建设、法律制度建设、师资课程建设和教学基地建设等支撑平台建设。干部培训研究要有长期性、系统性的规划和落实，不能仅限于个人喜好或灵感的发挥，要建立或依托科研机构，将干部教育培训纳入科学化的轨道。同时通过法律和制度的方式进行规范和保障，实现干部培训的制度化。师资课程建设和教学基地建设是干部培训的基础和核心，必须将前沿的课题课程化，兼职的师资专业化，培训的过程流程化。